Llévanos a la inmortalidad

Valores espirituales que puedes vivir a diario

Parte 1

Llévanos a la inmortalidad

Valores espirituales que puedes vivir a diario

Parte 1

Sri Mata Amritanandamayi

Mata Amritanandamayi Center, San Ramon
California, Estados Unidos

Llévanos a la inmortalidad

Valores espirituales que puedes vivir a diario

Parte 1

Sri Mata Amritanandamayi

Título original: Amritam Gamaya - Part 1

Publicado por:
Mata Amritanandamayi Center
P.O. Box 613, San Ramon
CA 94583-0613, Estados Unidos

Internacional:
www.amma.org
inform@amritapuri.org

En España: www.amma-spain.org

Índice

Prólogo 11
1. El dharma 13
2. Devoción y humildad 15
3. El carácter práctico de la devoción 17
4. Bhaya-bhakti 20
5. Los rituales y las tradiciones 22
6. Iṣhṭa-dēvatā 24
7. La humildad 26
8. El ego, el peor enemigo 28
9. El ego 31
10. Superar los defectos 33
11. El remordimiento 35
12. El camino de la paz 37
13. El sufrimiento 39
14. El tiempo es la mayor riqueza 41
15. Liberarse del sufrimiento 43
16. El servicio desinteresado 45
17. La quietud mental 47
18. Madurez 49
19. El verdadero amigo 51
20. Rāma 53
21. Ideas preconcebidas 65
22. Abandona las ideas preconcebidas 67
23. Un corazón como el de un niño 69
24. El valor del tiempo 71
25. Los frutos de las acciones pasadas 73
26. Aprender a dar 75

27. Soy amor. El amor es mi verdadera naturaleza 77
28. La acción eficaz 79
29. Intenta no repetir errores 81
30. Compartir 83
31. Dar y recibir 85
32. Haced el bien 87
33. Dar 89
34. La cabeza y el corazón 91
35. La venganza 93
36. Ira y venganza 95
37. Enfadarse 97
38. Guerra y conflicto 99
39. La crítica 101
40. La espiritualidad y la pobreza 103
41. La transformación 105
42. La meditación 107
43. Las concepciones de la Divinidad 109
44. La práctica del japa 111
45. El sacrificio 114
46. La oración y la fe 117
47. Sonreíd 119
48. Kṛiṣhṇa 121
49. La Bhagavad-Gītā 131
50. La no violencia 135
51. La rectitud y la espiritualidad 137
52. La esencia de las religiones 139
53. La actitud 141
54. Lo eterno y lo transitorio 143
55. El prārabdha 145
56. La medicina del amor 147
57. Orientados hacia la meta 149
58. La devoción y el contentamiento 151
59. Una mente abierta 153
60. Darśhan en el templo 155

61. Los hábitos 157
62. Amad al prójimo 159
63. ¿Es bueno o malo enfadarse? 161
64. Los mahātmās 163
65. Nada es insignificante 166
66. Conocimiento y prácticas 168
67. La intolerancia religiosa 170
68. La verdadera oración – 1 172
69. La verdadera oración – 2 174
70. La adoración mental 176
71. Vivir en el momento presente 178
72. La vida es un campo de entrenamiento 180
73. La necesidad de un guru 182
74. Sonreíd siempre, incluso durante una crisis 190
75. La espiritualidad 192
76. La responsabilidad de los medios de comunicación 194
77. Aceptar todo como un regalo de Dios 196
78. El miedo 198
79. El miedo y el amor 200
80. El karma-yōga 202
81. La juventud y los estupefacientes 204
82. La corrupción 206
83. La juventud 208
84. Sed agradecidos 210
85. La ciencia y la espiritualidad 212
86. Ved a Dios en todo 214
87. Vasudhaiva kuṭumbakam: el mundo es una familia 217
88. La paz universal 219
89. La devoción y la vida 226
90. El verdadero conocimiento 228
91. Śhraddhā 230
92. La conciencia moral 232
93. El poder de la juventud 234
94. La experiencia de Dios 236

95. Sé un testigo 238
96. El descontento 240
97. El Día Internacional de la Mujer 242
98. Expresad el amor 250
99. El vínculo entre el marido y la esposa 252
100. La pena y la compasión 254
101. Transigir 256
102. Adaptarse a las circunstancias 258
103. Palabras y obras 260
104. En busca del placer 262
105. El anhelo 265
106. La fuerza interior 267
107. Ámate a ti mismo 269
108. Controlar la mente 271
Glosario 273
Guía de pronunciación 281

Prólogo

Como el oro en los adornos de oro, el agua en las olas y el barro en la cerámica, la espiritualidad es el verdadero fundamento de la vida en todas sus manifestaciones. Esa es la visión de Amma. Para ella, la espiritualidad no es solo la corriente principal de la vida, sino que es el propio cauce por el cual fluye y se arremolina la corriente misma de la existencia.

La perspectiva universal de Amma se refleja en este libro, que es una recopilación de ciento ocho mensajes sobre un amplio abanico de temas. Entre ellos se encuentran la ética y la conciencia moral, la armonización de la espiritualidad con el progreso material, la pertinencia de los rituales y las tradiciones, la meditación y la gestión de la mente, la atención y la acción eficiente, el equilibrio entre la mente y el corazón, la resolución de conflictos, el amor y la compasión, la importancia de vivir en el momento presente, la necesidad de un guru, el vínculo entre cónyuges, el papel de la espiritualidad en la ciencia y mucho más.

La amplitud de la perspectiva de Amma no es solo panorámica. También revela la importancia perenne de la espiritualidad. Como afirma: «La espiritualidad es la gestión de la vida. Nos enseña a vivir en este mundo y a superar los retos».

La belleza de las enseñanzas de Amma, que se basan en la autoridad de la intuición y la experiencia, estriba en su sencillez y su claridad. De ese modo, vuelve accesible a todos la sabiduría intemporal. Si realmente aceptamos los consejos que Amma nos da, podemos volver más profunda nuestra autocomprensión y dar sentido a nuestra vida. Amma afirma que «la espiritualidad nos da la comprensión de quién y qué somos realmente. Esa comprensión nos vuelve conscientes de nuestras responsabilidades, lo que nos permite vivir de manera que seamos beneficiosos para nosotros mismos y los demás».

Esperamos que este libro arroje la luz de la comprensión sobre la vida de nuestros queridos lectores y lectoras, y les allane el camino hacia un futuro más propicio.

El editor

1. El dharma

Hijos, el dharma es lo que se deriva de la naturaleza intrínseca de un objeto. El dharma de una lámpara es emitir luz, el de los ojos es ver y el del corazón, bombear sangre a todo el cuerpo. Solo cuando todos los órganos del cuerpo actúan conforme a su dharma, podemos vivir con salud. Del mismo modo, el universo solo puede mantener su armonía si todos los seres cumplen su dharma adecuadamente. Los sabios de Bhārat (India) llamaron «dharma» al principio que sostiene la armonía del universo.

Solo se puede viajar con seguridad si los vehículos que circulan por la carretera obedecen las normas de tráfico. Igualmente, la sociedad solo puede perdurar y progresar si cada individuo cumple con su dharma de todo corazón. Un país solamente puede progresar si cada ciudadano lleva una vida que esté asentada en el dharma. Es así también en la familia. La paz y la prosperidad solo reinan en la familia cuando todos los miembros viven con honradez y se comportan con consideración.

Un maestro debe cumplir sus obligaciones cuando va a la escuela. Sin embargo, en casa su dharma es diferente. Tiene que ser un padre para sus hijos y un hermano para sus hermanas y hermanos. Por tanto, el dharma de cada uno varía según el lugar y la circunstancia. Dharma es hacer lo que hay que hacer en el momento adecuado y de la manera apropiada.

Sin embargo, todos tenemos un dharma que es superior a todos los demás dharmas, nuestro parama-dharma (el dharma supremo), que consiste en descubrir la perfección interior. Imaginad que una mariposa pone sus huevos sobre una hoja. Si un huevo se destruye, no se cumplirá la finalidad de su vida. Lo mismo sucede si muere durante la etapa de larva o de crisálida. Solo alcanzará la meta suprema de su vida y cumplirá su finalidad cuando se haya metamorfoseado en una mariposa y se hayan manifestado plenamente su belleza y sus talentos innatos.

Hay divinidad en todos y cada uno de nosotros. Esa es nuestra verdadera naturaleza. Experimentarlo es el parama-dharma de todos los seres humanos. Esa comprensión no afecta tan solo a la propia salvación, sino que se trata de un estado en el cual se ve a uno mismo en todos. Sin embargo, en la actualidad no somos capaces de entender el verdadero valor de la riqueza que es la vida. Desperdiciamos la vida con placeres insignificantes.

Hay que superar esta tendencia. Hay que vivir con el discernimiento y el conocimiento adecuados. Debemos ver a Dios en nosotros mismos y en todos los seres animados e inanimados de este universo, y consumar así nuestra vida.

2. Devoción y humildad

Hijos, donde hay devoción también habrá cualidades como la humildad, la paciencia y la compasión. Un verdadero devoto se ve a sí mismo como el servidor de todos, no como alguien magnífico. Está dispuesto a ayudar a los demás sin tener en cuenta sus propios problemas.

El rey Ambarīṣha, un acérrimo devoto de Viṣhṇu, realizaba sin fallar el ayuno de ēkādaśhī[1]. Satisfecho con su devoción, Viṣhṇu, le concedió el Sudarśhana Chakra[2]. Viendo la devoción con la cual Ambarīṣha cumplía el voto, Indra temió perder su puesto de jefe de los dioses y que el rey se quedara con él. Incitó al sabio Durvāsa a acudir al palacio de Ambarīṣha un día de ēkādaśhī para interrumpir el ayuno del rey. El rey saludó al sabio con suma veneración. Diciendo que primero iría a darse un baño, Durvāsa bajó al río, pero no volvió ni cuando se acercaba el momento de finalizar el ayuno. Así que Ambarīṣha ofreció oblaciones a los dioses, apartando una parte para Durvāsa. Después, tomando un sorbo de agua, terminó el ayuno.

Cuando Durvāsa volvió del baño y supo que el rey había concluido su ayuno sin esperarle, se enfureció. Empezó a insultar a Ambarīṣha, que permaneció imperturbable. Aunque era consciente de su propia fuerza, repitió una y otra vez con tono de arrepentimiento:

---

[1] Ayuno que se practica durante el undécimo día de cada una de las dos fases del mes lunar hindú.

[2] Literalmente, «el disco de la visión propicia», un disco giratorio con el borde serrado; el arma de Viṣhṇu.

—Por favor, perdóname por cualquier error que pueda haber cometido.

Pero Durvāsa no lo perdonó. Conjuró a un demonio para que matara a Ambarīṣha. Cuando el demonio se lanzaba hacia el rey para matarlo, el Sudarśhana Chakra se materializó y acabó con el diablo. Después se dirigió hacia la garganta de Durvāsa. El sabio huyó a toda velocidad para salvar su vida. Buscó refugio con Brahma y Śhiva, pero fue incapaz de librarse del terrorífico Sudarśhana Chakra. Por último, fue corriendo a Vaikuṇṭha, la morada de Viṣhṇu, donde el dios le dijo que su único recurso para salvarse era recibir la protección de Ambarīṣha. Como no veía otra manera de sobrevivir, Durvāsa fue corriendo a Ambarīṣha y le suplicó que le perdonara. Incluso entonces, la humildad del rey era tal que quería lavarle los pies al sabio y beberse ese agua.

Dios estará siempre con personas como Ambarīṣha. Dios siempre cuida y protege al humilde. Por el contrario, ¿cómo podrá alguien que piense «soy magnífico, todos deben servirme» conocer alguna vez a Dios?

Algunas personas están planeando cómo vengarse de los demás hasta cuando rezan. No se puede cubrir de plomo un recipiente oxidado. Primero hay que frotarlo para quitarle la pátina. Del mismo modo, la devoción solo puede arraigar cuando el corazón está purificado. Solo entonces conoceremos la presencia de Dios dentro de nosotros.

3. El carácter práctico de la devoción

Hijos, la gente critica la devoción y la espiritualidad diciendo que es fe ciega, debilidad mental y un medio de explotación. La devoción no es fe ciega. Por el contrario, es fe que acaba con la ceguera. La devoción es una ciencia práctica. Favorece la rectitud en la sociedad y ofrece alivio frente a los pesares de la vida. La fe en Dios da la fuerza que se requiere para mantenerse de pie ante los duros golpes de la vida. Cuando adoramos a Dios, asimilamos sus cualidades divinas. ¡Cuántas personas se han elevado por su fe en Dios!

Obedecemos las palabras de la persona a la que queremos con ternura. Imaginad que la chica a la que amamos dice: «Si me quieres, dejarás de fumar». Si el novio la quiere de verdad, dejará de fumar inmediatamente. Eso es verdadero amor. El amor ha impulsado a muchos a dejar sus malos hábitos. «Lo dejé porque no le gustaba que bebiera». Podríamos cuestionar si no se trata de una debilidad. Viendo sus beneficios, ciertamente no es una debilidad sino una fortaleza.

La fe y la devoción nos impiden actuar mal y nos inspiran a hacer el bien. La presencia de las normas de tráfico reduce los accidentes de tráfico. La presencia de la policía y los tribunales controla la cantidad de delitos. Del mismo modo, la devoción y la espiritualidad son medios prácticos para mantener la armonía de la sociedad. Por medio de ellos, arraigan los valores morales y éticos en la gente.

El camino de la devoción subraya las responsabilidades individuales con la sociedad. La devoción por Dios y la compasión por nuestros semejantes y las personas sin recursos son como los dos lados de una moneda. Si se da una, se dará la otra. La compasión que mostramos a los pobres es la verdadera adoración a Dios. La verdadera devoción nos inspira para que abandonemos el deseo de riqueza excesiva y para que sirvamos a los pobres con la riqueza que no necesitemos. Los peregrinos a Śhabarimala realizan una ceremonia durante la cual llevan sobre la cabeza el irumuḍi keṭṭu[3]. Durante la ceremonia, es costumbre dar monedas a los niños. Tras realizarse el hōma (ritual del fuego) y otras pūjās (formas de adoración ritual), también se acostumbra a dar de comer a los pobres y regalarles ropa y dinero. De ese modo, la devoción alimenta la conciencia cívica y la compasión. Igualmente, la adoración de las serpientes y otras pūjās para la protección de los bosquecillos sagrados defienden y conservan el medio ambiente.

Lo que hace falta es una lógica práctica, no gimnasias intelectuales. Les decimos a los niños que si mienten se quedarán ciegos. Aunque no sea cierto, ¿no sirve esta mentira inocua para dirigirlos por el camino correcto? Quizá no seamos capaces de ver la lógica de determinadas costumbres que, sin embargo, son muy beneficiosas para las personas. Esas costumbres ayudan y mejoran a la gente.

Puede que algunos utilicen la devoción y la espiritualidad para explotar a los demás. ¿No se hacen monedas falsas porque las monedas auténticas son valiosas? El que haya dos libros vulgares en una biblioteca no significa que toda la biblioteca esté llena de libros así, ¿verdad?

---

[3] Una bolsa especial con dos compartimentos, cuyos contenidos se ofrecen a Dios.

El amor y la fe son los mayores dones que el ser humano ha recibido. Una vida sin ellos es como un cadáver maquillado, es decir, carece de vida. Eso no significa que no haga falta lógica e inteligencia. Son necesarios, pero ocupan su lugar. Tanto la tijera, que corta en pedazos una tela, como la aguja, que los cose, tienen su propia utilidad. La pregunta no es si Dios existe o no, sino si el ser humano sufre. Tenemos que pensar en medios prácticos con los que mitigar el sufrimiento. La devoción es la forma de encontrar la solución al dolor interior. Su importancia y su utilidad siempre triunfan.

4. Bhaya-bhakti

Hijos, algunas personas preguntan si el miedo tiene algún lugar en el sendero de la devoción y si la bhaya-bhakti (la devoción acompañada de temor) es dañina. Aunque el temor no cabe en la plenitud de la devoción, la bhaya-bhakti ciertamente ayuda al principiante a progresar en el camino devocional. El Dios del Universo envía el resultado de cada acción a todos los seres. Protege a los virtuosos y los malvados reciben su castigo. La devoción de alguien que sabe que Dios castiga las malas acciones contendrá tanto veneración como un pequeño matiz de temor. Ese miedo alimentará su discernimiento, capacitándolo así para mantenerse apartado de las malas acciones y dándole la fuerza necesaria para caminar por el camino correcto.

La bhaya-bhakti no es como el miedo que un esclavo tiene a su amo. No solamente incluye el miedo sino también el respeto de un alumno por su profesor y el amor inocente de un niño por su madre. Esa debe ser nuestra actitud con Dios.

El niño quiere a su madre y sabe que le protege. Al mismo tiempo, también sabe que su madre no dudará en castigarle si hace alguna travesura. Por eso, el amor a su madre está teñido de miedo. Ese miedo es lo que lo salva de muchos peligros y fechorías. Los caprichos y fantasías de los niños pueden tentarlos a actuar mal. Sin embargo, como temen que su madre los riña y los castigue, se mantienen alejados de los problemas. De ese modo, el temor a su madre despierta el discernimiento del niño y le impulsa a caminar por el sendero correcto. Al mismo tiempo, ese miedo no impide que quiera a su madre. Por el contrario, favorece un crecimiento espiritual saludable.

Los niños suelen ir bien en los estudios cuando son pequeños por miedo a que el profesor los castigue. Ese temor les ayuda a superar la pereza y adquirir conocimientos. Cuando llegan a los cursos superiores, ese miedo ya no les inquieta porque para entonces ya han adquirido el discernimiento necesario. Solo sentirán veneración y obediencia hacia el profesor. La mayor parte de los devotos tienen una actitud similar hacia Dios.

Conforme el devoto progresa por el camino de la devoción, la bhaya-bhakti evoluciona hacia la prēma-bhakti (la devoción amorosa). En la prēma-bhakti no queda ni la menor huella de miedo. El amor a Dios hace que el devoto reciba gozosamente hasta sus castigos. El fervor de su devoción se lleva todas las tendencias latentes que le incitan a actuar mal. Un verdadero devoto se olvida de todo lo demás y se vuelve como un bebé que descansa en el regazo de su amorosa madre.

5. Los rituales y las tradiciones

Hijos, la cantidad de personas que creen en Dios está aumentando en nuestro país. Más y más gente acude a los lugares de culto. Sin embargo, no parece producirse el correspondiente aumento de la conciencia espiritual que se ve reflejada en su vida diaria. De hecho, parece haber una degradación de los valores, así como un aumento de la corrupción y el apego a los placeres sensuales.

Nuestra conciencia religiosa parece estar vinculada en gran medida a los rituales y las tradiciones. Por lo general, la mayor parte de las personas no parecen haber entendido y asimilado adecuadamente los principios espirituales, ni demuestran mucha conciencia de los valores. Hasta el conocimiento que se propaga en los lugares de culto parece más centrado en promover el sectarismo que en aumentar la conciencia de los valores. Miles de personas están dispuestas a morir por su religión, pero pocos están dispuestos a vivir según los principios y los valores espirituales. Esa es la razón principal de la degradación de los valores en la sociedad.

La mayor parte de los devotos carecen de todo verdadero conocimiento de los principios fundamentales de la religión. Muchos se limitan a seguir ciegamente las prácticas religiosas de sus antepasados. Una vez, el supervisor de un jardín llamó a cuatro de sus trabajadores y le dio una tarea a cada uno. La primera era cavar agujeros; la segunda, sembrar semillas en ellos; la tercera, regar las semillas; y la cuarta, cubrir los agujeros con tierra. Empezaron a trabajar. El primer trabajador excavó agujeros. El segundo llegó tarde. Ignorando este hecho, el tercer trabajador regó los agujeros, y el cuarto los cubrió. Todos sus esfuerzos fueron inútiles. El objetivo era sembrar semillas y cultivar plantones, pero el segundo trabajador no había sembrado las semillas. Muchas personas religiosas son así. Hacen toda la serie de rituales, pero no se esfuerzan por asimilar los principios espirituales y aplicarlos. De modo que, aunque el número de creyentes ha aumentado, la sociedad parece no haber recibido los beneficios de la devoción.

La finalidad principal de las tradiciones y los rituales es cultivar el recuerdo de Dios e inculcar valores elevados. Las costumbres ayudan a fomentar los buenos hábitos. El seguir las costumbres favorece la disciplina y el orden en la vida. Pero antes tenemos que esforzarnos por entender los principios espirituales que subyacen a las costumbres.

Porque mientras nos identifiquemos con el cuerpo, necesitaremos tradiciones y rituales. No basta con decir que todo es Dios o Brahman, el Yo Supremo[4]. No hemos experimentado esa Verdad. Igual que se utilizan dibujos y cuentas de colores para ayudar a los niños a aprender a contar, las tradiciones y los rituales son necesarios para dar forma a la mente.

A Dios no le afecta que practiquemos o no las tradiciones y los rituales. Sin embargo, los necesitamos para nuestro crecimiento interior. Las tradiciones y los rituales sustentan los valores elevados y protegen el bienestar de la sociedad. Sin ellos, el dharma (rectitud) desaparecería.

---

[4] Traducimos self/Self como yo/Yo para incluir la referencia subjetiva a «uno mismo» o «el ser propio» en el término, que no incorporan otras traducciones como ser/Ser. En este contexto, «yo» con minúscula se refiere al yo individual (jivātman); con mayúscula, al Yo supremo (Paramātman). (N. del T).

6. Iṣhṭa-dēvatā

Hijos, en las distintas religiones hay diferentes concepciones de Dios. En realidad, Dios no tiene ni nombre ni forma. Carece de forma y de atributos. Sin embargo, no es fácil adorar al Dios sin forma y sin atributos. Tenemos que mirar hacia alguna forma de Dios para cultivar la devoción y la concentración. Todos los devotos pueden adorar una forma de la divinidad que les guste. Eso es la iṣhṭa-dēvatā-upāsanā, la adoración de la forma de Dios que a uno le gusta.

Como la marea, que se eleva por la atracción gravitatoria de la Luna, Dios adopta muchas formas en respuesta al ardiente deseo del devoto. Si se concibe a Dios como Śhiva, aparecerá con esa forma. Si se adora a Dios como Dēvī, se manifestará como la Diosa. Podemos imaginar cualquier forma, pero debemos tener fe en ella. Si adoramos a nuestra iṣhṭa-dēvatā con la actitud de que él o ella es el Yo Supremo, nuestra adoración culminará en una visión de ese Yo Supremo. La forma es una escalera. Igual que las sombras desaparecen al atardecer, la forma se funde en lo que no tiene forma cuando la concentración madura como meditación.

En lugar de adorar a distintas deidades, debemos adorar a nuestra iṣhṭa-dēvatā considerándola el Yo Supremo. Debemos considerar que las demás formas de Dios son diferentes aspectos de nuestra iṣhṭa-dēvatā. Si adoramos a diferentes deidades en diferentes momentos, no obtendremos los resultados de nuestra adoración tan pronto. Debemos instalar la mente en la forma de nuestra iṣhṭa-dēvatā y en el mantra relacionado con ella. Si estamos intentando excavar un pozo, no sirve de nada cavar pequeños agujeros en diferentes lugares. Solo encontraremos agua si cavamos profundamente en un lugar. Hay que adorar a nuestra iṣhṭa-dēvatā exclusivamente, considerándola el Yo Supremo. Este principio espiritual se refleja en la práctica de los peregrinos a Śhabarimala cuando gritan «¡Swāmiyē śharaṇam Ayyappa!». («¡Concédenos refugio, Señor Ayyappa!») en cualquier templo que visiten.

Solo si amamos a nuestra iṣhṭa-dēvatā, su forma se volverá clara en nuestro corazón. Debemos orar constantemente por una visión de nuestra deidad amada. La actitud de un devoto respecto a Dios debe ser la misma que la de un amante con su amada. Si ha visto a su amada con un sari azul, cada vez que vea el color azul se acordará de ella. Esté despierto o dormido, solo pensará en ella. Desde el momento en que se despierte, su mente solo se ocupará de ella. Mientras se lave los dientes o tome un café, pensará en lo que ella podrá estar haciendo en ese momento. Debemos tener ese mismo amor absorbente y devorador por nuestra iṣhṭa-dēvatā. Debemos volvernos incapaces de pensar en nada o en nadie distinto de nuestra iṣhṭa-dēvatā.

Hasta el melón amargo pierde naturalmente su amargor si se sumerge en sirope de azúcar durante mucho tiempo. Igualmente, meditando en su iṣhṭa-dēvatā y recordándola constantemente, el devoto se vuelve uno con Dios.

7. La humildad

Hijos, la humildad es la primera cualidad que hay que cultivar. Solo quien es humilde puede recibir la gracia de Dios. Debemos ser humildes en apariencia, palabra y acción. En la India podemos ver al carpintero tocando con veneración el formón antes de empezar a trabajar, o a los músicos postrándose ante su instrumento musical antes de tañerlo. Los antiguos sabios nos legaron una cultura que nos enseña a venerar todo. De ese modo intentaban destruir nuestro ego.

Mientras realizamos cualquier acción, no hay que permitir que surja el pensamiento «yo lo estoy haciendo». Debemos cultivar la conciencia de que solo somos capaces de actuar por la fuerza que Dios nos ha prestado. Hay que llegar a considerar el trabajo como adoración. La humildad y la sencillez atraen la gracia de Dios.

Una vez vivía un mahātmā (alma espiritualmente iluminada) que era sumamente humilde. Pasara lo que pasara, seguía siendo humilde, aceptando con humildad tanto la alabanza como el insulto. Un día, una dēvatā (ser celestial) apareció delante de él y le dijo:

—Estoy complacido por tu humildad. Te voy a conceder un deseo. ¿Qué querrías?

El mahātmā rechazó el ofrecimiento, pero cuando la dēvatā insistió, dijo:

—Que todas mis acciones sean una bendición para el mundo sin que yo lo sepa.

—Que así sea —dijo la dēvatā. Y desapareció.

Desde ese día, allí donde se posara su sombra —incluyendo la Tierra y todos sus seres animados e inanimados— el lugar resultaba bendecido. Los terrenos áridos por los que caminaba reverdecían. Los árboles secos y las plantas marchitas revivían y se cargaban de flores y de fruta. Los arroyos que bordeaban el camino se llenaban de agua pura y fresca. Su presencia hacía revivir la fuerza y el ánimo de los que estaban cansados. Daba solaz a las madres sufrientes e infundía gozo al corazón de los niños. El mahātmā, sin darse cuenta de ello, seguía con su vida como una persona corriente.

En nuestro interior hay humildad. Es nuestra verdadera naturaleza. Pero nunca hemos tratado de despertarla conscientemente. Si nos resistimos a actuar con humildad, la naturaleza nos forzará a hacerlo. A medida que vayamos teniendo experiencias amargas en la vida, aprenderemos naturalmente a comportarnos con humildad.

Por muchas buenas cualidades que tenga una persona, ninguna de ellas se notará si carece de humildad. Por el contrario, si es humilde, todos la querrán aunque tenga muchos defectos. Como el agua que baja fluyendo hacia el valle, la gracia de Dios fluirá hacia ella.

8. El ego, el peor enemigo

Hijos, nuestro peor enemigo es el ego. Nos vuelve inhumanos. La mayor parte de la gente cree que los logros se construyen sobre la base del ego. Quizá a las personas que se encuentran en un entorno laboral les parezca que el ego no puede eliminarse por completo. Pero, al menos, hay que intentar mantener el ego bajo control. Trabajemos donde trabajemos, hay que intentar gestionar el sentido egocéntrico del «yo» con madurez. De lo contrario, perjudicará tanto al individuo como a la sociedad.

Pensad en una familia. Si el cabeza de familia no puede consultar a los demás miembros de la familia al tomar decisiones o no puede respetar las opiniones de su esposa y sus hijos, ¿habrá paz y felicidad en el hogar? No, en ese diminuto mundo de tres o cuatro personas solo habrá conflicto, disputa y falta de consenso.

En los negocios, la política o cualquier otro campo, el mayor problema es la competencia hostil entre los que trabajan en ese campo. La raíz de este problema es el ego incontrolado. Ese antagonismo es común entre los miembros del mismo partido político, entre partidos rivales y entre socios en los negocios. Un individuo o unas pocas personas entran en un tira y afloja para dominar a los demás. En esas situaciones, podemos ver a algunas personas que atormentan sin misericordia a sus oponentes táctica, psicológica o incluso físicamente, compitiendo por alardear de lo poderosos que son. Recurrirán a cualquier medio para demostrarlo. Se vuelven insensibles ante el sufrimiento y el dolor de los demás. Cuando solo podemos ver y pensar desde la minúscula perspectiva de «yo y lo mío», perdemos la capacidad de aguantar, perdonar y empatizar. Cuando nos enfocamos en conseguir algo a toda costa, no tenemos reparo en hacer daño a los demás por una ganancia personal.

Amma recuerda una historia. Un hombre visitó a su abogado para comentar unos asuntos relacionados con un proceso. Tenía recelos sobre cómo se estaba desarrollando el mismo. Le dijo al abogado:

—No creo que pueda ganar este pleito. Tienes que encontrar alguna manera de ganarlo.

Y, tras un silencio, añadió:

—He oído que el juez que preside mi causa está loco por el críquet. Estaba pensando, ¿por qué no le pagamos un billete en clase ejecutiva para ver el partido entre la India y Australia en Australia?

Al oír esto, el abogado replicó:

—El juez se enorgullece de su honradez y su imparcialidad. Nunca aceptará un soborno. Si intentáramos algo así, se enfurecería y la indignación le haría ponerse en contra tuya. Ya puedes imaginarte cómo acabaría el proceso.

El juez falló a favor del hombre. Para celebrar la victoria, se fue a comer con su abogado. El abogado le dijo:

—¿Cómo te sientes? Si le hubieras enviado aquel billete gratis para ver el partido de críquet en Australia, ¿puedes imaginarte cuál habría sido el veredicto?

El hombre respondió:

—Ah, justo iba a comentártelo. Te estoy inmensamente agradecido por tu valioso consejo. Finalmente, le envié al juez un billete gratis, pero se lo envié en nombre de mi adversario.

Hijos, estas acciones viles nos hunden más en la oscura fosa del ego. Nos perjudican tanto a nosotros como a la sociedad. Y, sobre todo, sacrificamos nuestra integridad.

El ego es como una cárcel. Quien carece de control sobre el ego nunca puede disfrutar del gozo y la paz de la libertad. Una persona así podría tener riqueza y prosperidad material, pero carecerá de paz mental y de satisfacción porque siempre estará pensando solo en sí misma y en lo que puede conseguir. La mente de una persona así es como la celda de una cárcel. La verdadera libertad es liberarse del ego. Solo la espiritualidad puede darnos esta libertad.

Tener en cuenta los principios espirituales no es contradictorio con la obtención de prosperidad material. Quien está recorriendo verdaderamente el camino espiritual cumplirá infaliblemente su deber respecto a la sociedad y a los demás, incluso mientras esté esforzándose por conseguir ganancias materiales. Esas personas intentarán entender los sufrimientos y el dolor de los demás y se esforzarán por manifestar amor y compasión por ellos en lugar de solo pensar en «yo y lo mío». Asumirán la responsabilidad de ayudar a los afligidos. Esas personas no estarán esclavizadas por el ego. Intentarán seriamente superar las limitaciones del ego.

Hijos, en realidad el ego es una carga. Cuando lo comprendamos, no nos resultará difícil sacrificarlo. La mayoría de la gente no puede ver ni entender que tienen un ego. Oímos a la gente decir: «¡Menudo ego tiene!». Por el contrario, si realmente entendemos el «¡menudo ego tengo!», el ego dejará de existir. A partir de entonces, experimentaremos la verdadera libertad.

9. El ego

Hijos, muchas personas le dicen a Amma: «No soy capaz de reírme a carcajadas. Soy incapaz de abrir el corazón cuando hablo, no importa con quién. Siempre estoy triste».

Cuando miramos a nuestro alrededor, vemos que todas las criaturas de la naturaleza, excepto el ser humano, viven alegremente. Los árboles y las plantas se mecen gozosamente en la brisa. Los pájaros pían sin preocupación alguna. Los ríos fluyen borboteando. Hay dicha en todo a nuestro alrededor. ¿Por qué solo el ser humano es desdichado, aunque le rodee tanta alegría?

La naturaleza no tiene la cargada del peso del ego. No tiene el sentido del «yo». Solo los seres humanos tienen ego. Si seguimos aferrados al ego, seguiremos siendo infelices. Si lo abandonamos, también seremos capaces de vivir despreocupada y gozosamente.

Mientras retengamos el egocéntrico sentido del «yo», no podremos encontrar la verdadera fuerza en nuestro interior. Si las cortinas están cerradas, no podemos ver el cielo en el exterior; pero podremos verlo si las abrimos. Igualmente, solo contemplaremos nuestro Yo Supremo si nos libramos del ego.

Había un escultor que tenía pánico a la muerte. Intentaba pensar en la forma de escaparse de ella. Por fin, se le ocurrió un medio. Esculpió doce estatuas muy realistas de tamaño natural de sí mismo. Cuando la muerte se acercaba, se puso de pie entre las estatuas. Cuando el dios de la muerte llegó para llevarse la vida del escultor, vio trece figuras idénticas. Incapaz de encontrar al escultor, se quedó pensativo un rato. La muerte dijo:

—Estas estatuas son buenas, pero todas tienen un defecto.

Al oír aquello, el escultor saltó y gritó:

—¿Mis estatuas? ¿Un defecto? ¿Qué defecto?

El dios de la muerte dijo:

—Este es el defecto.

E inmediatamente se llevó la vida del escultor.

El sufrimiento surge cuando pensamos «yo soy el que actúa». Ese mismo pensamiento nos ata. Tanto si hacemos una pūjā (adoración ritual) como si limpiamos el desagüe, el pensamiento «yo lo estoy haciendo» manchará la mente, y después será difícil limpiarla. Hay que intentar hacerlo todo como una ofrenda a Dios. Solo entonces la mente se volverá pura. Cuando hemos subido al autobús, no hace falta que sigamos cargando el equipaje. Podemos dejarlo en el suelo. Del mismo modo, cuando nos hemos refugiado en Dios, podemos ofrecerle el equipaje del ego y liberarnos así del sufrimiento.

10. Superar los defectos

Hijos, es natural cometer errores. Puede haber fallos en nuestro comportamiento y nuestras acciones. Podemos tener defectos de carácter. Pero la mayor parte de las personas justifican sus acciones cuando cometen errores, tropiezan o fracasan. Hacen todo lo que pueden para ocultar sus fallos. Incluso pueden argumentar que el error no fue suyo sino de otra persona. Sin embargo, echando la culpa a los demás nunca podremos superar nuestras faltas. Por ejemplo, las experiencias amargas de la infancia pueden dejar cicatrices indelebles en la mente e incluso deformarnos el carácter. Echarles la culpa a nuestros padres o a otras personas no resuelve el problema. Nuestros puntos débiles pueden incluso intensificarse y afectar negativamente a nuestras relaciones con los demás.

Un médico examinó a un paciente y le dijo:

—Va a ser difícil curar completamente esta enfermedad porque es algo que has heredado.

El paciente le interrumpió en seguida:

—En ese caso, por favor, envíale la factura del tratamiento médico a mis padres.

El hombre no quería pensar en lo que podía hacer para luchar contra la enfermedad. Por el contrario, hacía responsables a sus padres. Olvidaba convenientemente el hecho de que podía combatir la enfermedad tomando medicinas, haciendo ejercicio con regularidad y controlando la alimentación. Muchos reaccionamos como este paciente cuando afrontamos nuestras deficiencias y limitaciones.

Ocultamos nuestros errores y les echamos la culpa a los demás debido a nuestro ego y a nuestro falso orgullo. Por tanto, hay que vencer el ego. De lo contrario, seremos derrotados tanto en la vida espiritual como en los asuntos mundanos. Cuando fracasamos, debemos volvernos hacia el interior e intentar entender nuestros puntos débiles y nuestras deficiencias. Después, tenemos que afrontarlos con valentía. También debemos esforzarnos en serio para superar nuestros defectos. Reconocer los defectos, afrontarlos y superarlos: esa es la secuencia.

No hay que esconder nuestros defectos o huir de ellos echándoles la culpa a los demás. Si tenemos la apertura mental necesaria para asumir la responsabilidad de nuestros fallos y nos esforzamos en serio, podemos superar cualquier defecto.

11. El remordimiento

Hijos, errar es humano. No hay nadie que no haya cometido ninguna mala acción en su vida. Hacer lo que no se debe y no hacer lo que se debe, ambos están mal. Algunos comenten errores sin darse cuenta. Otros cometen errores bajo la presión de las circunstancias. En cualquier caso, el primer paso para corregir los errores es ser consciente de ellos.

Cuando nos damos cuenta de nuestro error, tenemos que arrepentirnos. El arrepentimiento es una forma de expiación. No hay pecado que no pueda lavarse con las lágrimas del remordimiento. Pero, además, cuando somos conscientes de lo que está bien, no se deben repetir los errores. Debemos arrepentirnos sinceramente. Algunas personas fingen estar arrepentidos delante de los demás.

Un joven se hizo carterista. Su mal hábito afligía profundamente a su madre, que le pidió que confesara su pecado al sacerdote del templo cercano y le pidiera que le perdonara. Al día siguiente le robó a un hombre de negocios. Después acudió al sacerdote y le dijo:

—Sacerdote, ayer pequé. Le robé la cartera a un hombre de negocios.

Al oír aquello, el sacerdote le dijo:

—Has cometido un delito terrible. Encuentra a ese hombre de negocios y devuélvele la cartera.

El chico encontró al hombre de negocios, le devolvió la cartera y volvió a su casa. Esa noche, la madre vio que su hijo estaba contando el dinero de un grueso fajo de billetes. Cuando le preguntó cómo había conseguido tanto dinero, el hijo le dijo:

— Cuando fui a confesar mi delito birlé la pasta del cajón del sacerdote.

El remordimiento no debe ser así. Tiene que ser sincero.

Cuando descubrimos nuestro error, debemos tomar la firme decisión de enmendarnos y nunca más volver a repetirlo. Siempre que obramos mal, nuestra conciencia murmura suavemente: «No hagas eso. Déjalo». Si escuchamos nuestra conciencia, no obraremos mal.

A veces actuamos mal por ignorancia. Dios perdona esos pecados. Pero, si seguimos repitiendo los mismos errores, no nos perdonará. Así que no debemos repetir nuestros errores.

La vida humana es un viaje del error a la Verdad. Aunque puedan producirse errores, debemos esforzarnos por corregirnos. Debemos intentar que todos nuestros pensamientos, palabras y obras sean buenos. Aunque cometamos un pequeño error, debemos arrepentirnos y corregirnos. Ese es el único medio para lograr la victoria final, la dicha y la paz eternas.

12. El camino de la paz

Hijos, todos queremos paz y felicidad. Sin embargo, solemos encontrar dolor, frustración y decepción. ¿Por qué no tenemos paz y felicidad?

Si queremos disfrutar de paz y felicidad, primero debemos tener una comprensión correcta de la vida. A una persona que desconoce el dinero que tiene su riqueza no le servirá de nada por mucho que tenga. Del mismo modo, mientras no seamos conscientes de nuestra verdadera naturaleza, no seremos capaces de vivir en armonía con el mundo y cumplir adecuadamente nuestro dharma (deber en la vida).

Un grupo de viajeros caminaba hacia un pueblo lejano. Al cabo de un tiempo, llegaron a un bosque. Allí cerca había un estanque. Depositaron sus pertenencias en la orilla y se pusieron a nadar. Cuando volvieron, descubrieron que faltaban todo lo que habían dejado allí. ¡Los ladrones lo habían robado todo! Los viajeros se pusieron en marcha inmediatamente para perseguir a los ladrones. En el camino, vieron a un hombre que descansaba bajo la sombra de un árbol. Era un mahātmā (alma espiritualmente iluminada). Los viajeros le preguntaron si había visto a los ladrones pasando por allí. El mahātmā dijo:

—Estáis molestos porque os han robado vuestras pertenencias. Reflexionad un momento. Los ladrones que os han robado la felicidad, ¿están dentro o fuera de vosotros? ¿Queréis recobrar vuestras pertenencias o ganar una riqueza que nunca podáis perder? Pensad en ello.

Viendo la sabiduría de las palabras del mahātmā, los viajeros se hicieron sus discípulos.

Existe una riqueza ilimitada en cada uno de nosotros. Pero, al no ser conscientes de ella, vagamos buscando la felicidad en los objetos del mundo. Algunos se esfuerzan por conseguir riqueza y poder mientras que otros luchan por el reconocimiento y la fama. Ambos creen equivocadamente que tendrán paz y felicidad, cuando logren sus metas. Pero la felicidad no es algo que se obtenga con los objetos. De hecho, los deseos son obstáculos en el camino de la verdadera felicidad. Esa felicidad solo se revela cuando la mente deja de añorar una u otra cosa. Esta comprensión debe estar clara en nuestro corazón. Es el primer paso hacia la paz y la felicidad.

El Yo Supremo es la fuente de la dicha y la paz eternas. Sin entenderlo, algunos buscan consuelo en la bebida y las drogas. De esta forma, no solo arruinan su vida, sino que también perjudican a sus familias y a la sociedad. La espiritualidad nos da una comprensión de quién y qué somos realmente. Esa comprensión nos vuelve conscientes de nuestras responsabilidades, y después vivimos de un modo que nos beneficia tanto a nosotros mismos como a los demás.

13. El sufrimiento

Algunas personas dicen: «Llevo años visitando templos regularmente y, sin embargo, sigo siendo pobre y mis dolores no me han dejado. A veces hasta me pregunto para qué le pido nada a Dios».

¿Nos fiamos realmente de Dios? Si lo hiciéramos, prosperaríamos tanto material como espiritualmente. Ningún mahātmā (alma espiritualmente iluminada) se ha muerto nunca de hambre. La vida de quien se ha entregado a Dios nunca es dolorosa. Quizás la gente se cuestione si Kuchēla[5] no sufría por su pobreza. Eso no es del todo correcto ya que Kuchēla no tenía tiempo para lamentarse porque siempre estaba sumergido en pensamientos sobre Dios. Su amor inocente a Dios le daba la fuerza necesaria para seguir alegre incluso en mitad de la pobreza más severa. Su entrega le libró de un destino de pobreza y llevó prosperidad a su vida.

Nadie va a los templos solamente a recibir el darśhan (visión) de la deidad. Incluso al ponernos frente a Dios, le contamos cosas mundanas. Nuestra devoción no es pura y desinteresada. Rezamos para satisfacer deseos. No es que no haya que tener deseos, pero nuestro amor a Dios debe superar nuestro interés en satisfacer dichos deseos.

Una vez, Kṛiṣhṇa estaba sentado en la orilla del río Yamunā con las gōpīs (lecheras), que escuchaban extasiadas sus dulces palabras. Les preguntó:

—¿Qué hacéis ante el sufrimiento y las dificultades?

---

[5] Un devoto pobre de Kṛiṣhṇa. Sus bendiciones lo volvieron fabulosamente rico.

Una gōpī le dijo:

—Señor, te pido que te lleves mi sufrimiento.

Otra gōpī le dijo:

—Te pido a ti, mi Señor, que estés siempre a mi lado. Aunque el calor del verano sea abrasador, no se siente su intensidad si sopla una brisa fresca. Igualmente, cuando estás conmigo, las dificultades de la vida no me afectan.

Y otra gōpī dijo:

—Cuando llega el sufrimiento, le pido al Señor fuerza para superarlo.

Rādhā escuchaba estas respuestas en silencio. Kṛiṣhṇa le preguntó:

—Rādhā, ¿por qué no hablas? ¿Cómo afrontas tú el sufrimiento?

—Medito en el Señor en mi interior. Lo recuerdo en mi corazón.

—¿No pides nada?

—Cuando tu forma brilla resplandeciente en mi corazón, ¿qué lugar hay para el sufrimiento? La oscuridad se disipa naturalmente cuando la luz emerge. Nunca he sentido ninguna necesidad de pedir nada.

Un verdadero devoto no se preocupa nunca por las dificultades de la vida. Completamente entregado a Dios, vive sin preocupaciones, como un niño que reposa en el regazo de su madre.

14. El tiempo es la mayor riqueza

Hijos, nuestra riqueza más valiosa es el tiempo. Aunque perdiéramos un millón de dólares, podríamos recuperarlo; pero nunca podremos recobrar el tiempo perdido. Muchas personas solo comprenden el valor del tiempo en los últimos momentos de su vida.

Alejandro Magno, que conquistó el mundo entero, no entendió el valor del tiempo hasta que estuvo en su lecho de muerte. Al darse cuenta de que la muerte podría llevárselo en cualquier momento, les dijo a los que lo rodeaban:

—Si alguien puede prestarme una sola respiración, estoy dispuesto a darle medio reino como recompensa. Intentando conquistar naciones y amasar riqueza, desperdicié un tiempo y una salud valiosos. Ahora entiendo que ni con toda mi riqueza puedo posponer la muerte un instante.

Solo la experiencia nos puede enseñar el valor del tiempo. Si entendiéramos realmente el valor del tiempo, apreciaríamos cada momento como si fuera un tesoro inestimable.

Una vez, un hombre recibió una carta en la cual le pedían que acudiera a una entrevista para un empleo que llevaba mucho tiempo deseando. Tenía que tomar dos vuelos con conexión para llegar a la ciudad donde se celebraría la entrevista. Entre los dos vuelos tenía media hora de tiempo. Se fue al restaurante del aeropuerto y se tomó un tentempié, por el cual le cobraron quinientas rupias. Al ver la cuenta, el hombre dijo:

—¡Esto es demasiado! No he comido tanto.

El cajero redujo cien rupias la cuenta al ver lo disgustado que estaba; pero el hombre insistía en que no pagaría más de trescientas. Sin otra alternativa, finalmente el cajero se rindió. Sintiéndose triunfante por su victoria ante el cajero, el hombre se fue paseando tranquilamente hasta la puerta de embarque, sonriendo durante todo el recorrido. Al llegar a su puerta, vio que su vuelo de conexión había despegado cinco minutos antes. Absorto en un regateo trivial, se había olvidado de su objetivo y, de esa manera, había perdido la oportunidad de conseguir el empleo con el que llevaba años soñando.

Algunas personas se quejan de que el paso del tiempo no las ayuda. El tiempo siempre es favorable, pero somos nosotros quienes no nos hacemos amigos del tiempo. Somos nosotros los que decidimos si el tiempo trabaja a nuestro favor o en nuestra contra. No lo entendemos y nos volvemos esclavos de las circunstancias. Se nos escaparán muchas cosas buenas, si nos limitamos solamente a sentarnos a esperar a que lleguen los buenos tiempos. No esperéis a que llegue el momento adecuado para realizar una buena acción. Si es buena, hacedla de inmediato.

15. Liberarse del sufrimiento

Hijos, a sabiendas o no, buscamos la felicidad con cada acción. Anhelamos ser libres de todo sufrimiento. Sin embargo, quizá no llevemos a cabo esa búsqueda con conocimiento de causa o de manera consciente.

Todas las experiencias de dolor traen un mensaje. Imaginad que tocamos accidentalmente un fogón encendido y nos quemamos la mano trabajando en la cocina. Suponed que no sintiéramos dolor. ¿Qué pasaría? Al ser capaces de sentir dolor podemos apartar inmediatamente la mano del fogón. Igualmente, el dolor y el sufrimiento que sentimos en la vida diaria son un recordatorio de que «es hora de cambiar». Solemos intentar cambios exteriores, que pueden aliviar temporalmente nuestro dolor. Pero, si queremos librarnos del sufrimiento de una vez para siempre, tenemos que cambiar radicalmente de perspectiva y de actitud.

Un devoto solía visitar a un mahātmā (alma espiritualmente iluminada) y se quejaba de sus problemas. Un día, cuando empezó a quejarse, el mahātmā le dijo:

—Tráeme un vaso de agua y un puñado de sal.

Cuando el hombre se los llevó, el mahātmā le dijo:

—Echa la mitad de la sal en el agua y revuelve bien. Después bébete el agua y dime cómo sabe.

El devoto hizo lo que le había pedido y respondió:

—Está demasiado salada para beber.

Entonces, el mahātmā le llevó a un lago de agua dulce y le dijo:

—Echa el resto de la sal en este lago y después toma un sorbo de agua.

El devoto echó un trago y dijo que el agua seguía estando dulce. El mahātmā le preguntó:

—¿No está salada el agua?

—En absoluto —replicó el devoto.

Entonces el mahātmā le dijo:

—Mira, la sal es como el sufrimiento de la vida, y el agua fresca sería nuestra dicha innata. El agua del vaso se volvió imbebible cuando le echaste un poco de sal; pero esa misma cantidad de sal no afectó el dulzor del agua del lago. Actualmente, tu mente es tan reducida como el vaso. Si la vuelves tan amplia como el lago y despiertas la felicidad interior, ningún sufrimiento podrá afectarte nunca.

La felicidad es nuestro estado natural; pero cuando le damos una importancia indebida a los asuntos que generan dolor, la mente se enfoca en ellos y padecemos sufrimiento sin poder evitarlo.

Que las aves del dolor floten sobre vuestra cabeza; pero no les permitáis nunca anidar en ella. En lugar de darles vueltas continuamente a los problemas, entrégate a un trabajo creativo. Ayuda a los demás de cualquier manera que puedas. Entonces la mente se expandirá. La pesada carga del dolor te abandonará y experimentarás la dicha del Yo Supremo.

16. El servicio desinteresado

Hijos, todas las religiones conceden una gran importancia al servicio desinteresado. Este purifica la mente y nos hace dignos de la gracia de Dios. Sin embargo, el servicio que prestamos debe carecer de toda expectativa. No debemos esperar ni una palabra de agradecimiento o de apreciación. Si lo hacemos, será como trabajar por un salario. Ese trabajo no contribuye a purificar la mente.

Cuando actuamos sin deseo de ganancia personal, el egoísmo abandona nuestro corazón, al menos mientras estamos trabajando. Ese trabajo purifica la mente. Sin embargo, si hacemos servicio desinteresado con un ojo puesto en la obtención de puṇya (mérito espiritual), reconocimiento o remuneración, el propio objetivo del servicio queda frustrado.

Muchos hacen donativos a templos o iglesias esperando felicitaciones o reconocimiento. Hay personas que donan tubos fluorescentes a los templos y después pegan en ellos mensajes impresos como «donado por fulano», con lo que reducen su luminosidad. Esas personas quieren que los demás conozcan su donación y se sentirían disgustados si no les dieran las gracias.

Una vez, un rico fue a rezar a un templo. Le dio un gran donativo al sacerdote, que ni le dio las gracias ni lo alabó por el donativo. El rico empezó a decir:

—Estoy seguro de que nadie ha donado nunca una cantidad tan enorme de dinero a este templo...

El sacerdote toleró su vanagloria un rato; pero, cuando parecía que el donante no tenía intención de detenerse, el sacerdote le dijo:

—¿Por qué fanfarroneas así? ¿Es que esperas que te dé las gracias por el donativo?

—¿Qué tiene de malo esperar al menos una palabra de apreciación por la cantidad que he donado? —preguntó el rico.

El sacerdote respondió:

—Deberías estar agradecido de que el templo haya aceptado tu donativo. Solo es una fracción minúscula de la riqueza de Dios, que tú estás atesorando. No recibirás su gracia mientras no puedas donar sin orgullo. Deberías sentirte agradecido por haber tenido la oportunidad de servir a Dios y a sus devotos. De lo contrario, es mejor que te vuelvas a llevar el dinero.

Lo que hay que entregarle a Dios es la mente. Ofrecerle aquello a lo que la mente está apegada es como ofrecer la propia mente. En realidad, nada nos pertenece. Todo le pertenece a Dios. Debemos estarle agradecidos por darnos la capacidad y la oportunidad de servir. Cuando entendemos que hasta el cuerpo, la mente y el intelecto son dones de Dios, nos liberamos del orgullo y el egoísmo. Cuando nos libramos del egoísmo, nos volvemos dignos de la gracia de Dios.

17. La quietud mental

Hijos, la mente es una corriente de pensamientos. No hay ni un momento en el que la mente deje de pensar. A veces, el flujo del tráfico en las carreteras es rápido y frenético y, en otras ocasiones, lento y relajado; pero con los pensamientos no sucede lo mismo. La corriente de los pensamientos no suele remitir ni cuando dormimos. Darle vueltas al pasado y preocuparse por el futuro pertenece a la naturaleza de la mente.

Una vez, un hombre de mediana edad viajaba en tren. Un joven que estaba sentado a su lado le preguntó:

—¿Qué hora es?

Al oírlo, el hombre replicó:

—¡Cállate!

Otro pasajero que vio lo que pasaba le preguntó:

—Solo te ha pedido la hora. ¿Por qué te enfadas tanto por una pregunta tan sencilla?

El hombre respondió:

—En efecto, solo me pidió la hora. Imagina que se la digo. Empezaría a hablar del tiempo. Después comentaría los titulares del periódico del día. Después hablaría de política. Después me preguntaría por mi familia. Quizá entonces yo también le preguntaría por la suya. Siendo ya conocidos, podría invitarle a mi casa cuando lleguemos. Incluso podría pasar una noche allí. Tengo una hija preciosa, que podría enamorarse de él. O él podría enamorarse de ella. Nunca aceptaré que mi hija se case con un hombre que ni siquiera lleva reloj. Por eso le hice callar desde el principio, para evitar toda conversación posterior.

Si alguien nos pregunta la hora, podemos decírsela o quedarnos callados. ¿Qué necesidad tenía este señor de imaginar todo ese futuro? Por el conflicto que había en su mente, los demás pasajeros también perdieron su paz mental.

Si la mente dice «parad» cuando estamos caminando, las piernas dejarán de moverse inmediatamente. Si la mente dice «quietas» cuando estamos aplaudiendo, las manos dejarán de moverse de inmediato. Pero, si le decimos a la propia mente que se detenga, ¿lo hará? No. Aun así, tenemos que ser capaces de detener la mente. Por eso practicamos la meditación. Igual que usamos un mando a distancia para encender y apagar el televisor y otros aparatos eléctricos, la meditación nos puede ayudar a tener la mente bajo control.

Sobre todo, nos hace falta una mente aquietada para comprender nuestra verdadera naturaleza. Solo podemos disfrutar de la dicha y la paz supremas en esa quietud. Que mis hijos e hijas sean capaces de despertar a ese estado.

18. Madurez

Hijos, al afrontar situaciones difíciles de la vida, raras veces intentamos descubrir la verdadera causa de las dificultades; pero no seremos capaces de encontrar una solución definitiva a esos problemas si no lo hacemos. Por ejemplo, si un niño empieza a llorar porque tiene hambre, la madre puede intentar apaciguarlo dándole juguetes. El niño podrá distraerse un rato; pero se pondrá a llorar aún más fuerte cuando el malestar por el hambre aumente. No dejará de llorar hasta que se calme su hambre.

Algunas personas recurren a las drogas y a la bebida para olvidar los problemas. Esos estupefacientes no solo no resuelven ningún problema, sino que además afectan a la salud y a la riqueza y rompen los vínculos familiares.

Una vez, dos amigos estaban hablando. Uno de ellos le preguntó al otro:

—He oído que has empezado a beber. ¿Por qué?

Su amigo replicó:

—Estoy afrontando muchos problemas e intento ahogar las penas en la bebida.

—¿Has conseguido ahogarlas?

—No, amigo mío. Mis problemas han aprendido a nadar en el alcohol.

La causa de todos los problemas es el testarudo deseo de que todo suceda como queremos, según nuestros gustos y nuestras aversiones. Esa cabezonería es la fuente de todas las negatividades, como la ira, el odio y la envidia. La testarudez es como un virus de ordenador que borra todos los datos. Socava el sentido del discernimiento y destruye la paz mental. Perdemos el control sobre nosotros mismos.

No podemos cambiar el mundo según nuestros caprichos y fantasías. Por el contrario, debemos aprender a ajustarnos a las situaciones y responder con discernimiento. Hay que aprender a aceptar lo que no podemos cambiar. Una rosa aromática está rodeada de punzantes espinas. Insistir en que un rosal no tenga espinas, y solo tenga flores, es poco realista. La noche siempre sigue al día. Si hay gozo, habrá tristeza. Hay que aceptar ambos. Una tortuga no puede comportarse nunca como un elefante. Igualmente, un elefante no podrá ser nunca una tortuga. Mira cada cosa como es y acepta la tortuga como una tortuga y el elefante como un elefante. No saltes hasta el cielo de felicidad ni te hundas en la tristeza. Siéntete satisfecho y alegre en cualquier situación. La capacidad de hacerlo es a lo que llamamos madurez.

La mente no madura hasta que deja de ser testaruda. Una mente madura puede afrontar sabiamente los problemas. Es la solución final de todos los problemas de la vida.

19. El verdadero amigo

Hijos, el cambio es la naturaleza de la vida. En la vida pueden suceder tanto cosas buenas como malas sin previo aviso. Nada dura para siempre en este mundo. El amigo de hoy puede ser el enemigo de mañana. Dios es nuestro único y verdadero amigo. Por muchos parientes o mucha riqueza que tengamos, nunca podrán darnos la felicidad perdurable. Por tanto, solo hay que cultivar un vínculo interior con Dios.

No se riegan las ramas del árbol, sino las raíces. Solo entonces llegará el agua a todas las partes del árbol. Del mismo modo, amando a Dios amamos a toda la creación. Así, no estaremos esclavizados por un apego excesivo a nadie, aunque llevemos una vida de familia.

Muchos conocemos el cuento de la bola de barro y la hoja seca que jugaban al escondite. Aunque es un cuento infantil, tiene un profundo significado. Mientras la bola de barro y la hoja seca estaban jugando, el viento se puso a soplar de repente. La bola de barro empezó a preocuparse:

—¡Oh, no! ¡Se va a llevar a la hoja seca!

La bola de barro se sentó encima de ella para salvarla. Al cabo de un rato, se puso a llover. La hoja seca cubrió a la bola de barro para que no se disolviera. Un rato después llovía y hacía viento. ¿Qué sucedió? El viento se llevó a la hoja y la lluvia disolvió a la bola.

Nuestra vida también es así. Cuando nos apoyamos en los demás, podemos conseguir pequeñas ganancias y victorias;

pero nadie puede ayudarnos en las grandes crisis. Nuestro único refugio y la gracia salvadora está en la entrega a lo divino. Solo la entrega garantiza la paz y la satisfacción duraderas en la vida.

Eso no significa que no debamos querer a nuestro cónyuge y a nuestros hijos o que debamos tratarlos como desconocidos. Debemos amarlos y protegerlos, pero no olvidando nunca que Dios es nuestro único amigo verdadero. Todos los demás nos dejan antes o después. Por tanto, apoyémonos solo en Dios, recibiendo todas las dificultades que afrontamos en la vida como combustible para nuestro crecimiento interior. Si lo hacemos, también podremos disfrutar de paz y felicidad en la vida de familia.

Apoyarse solo en Dios no significa que no vayamos a conocer la tristeza y las dificultades. Llegarán, pero las dificultades se reducirán mucho. No solo eso, sino que seremos capaces de conservar la confianza en nosotros mismos y la satisfacción, incluso en mitad de las dificultades.

Basta con atrapar a la abeja reina; las demás abejas la seguirán. Del mismo modo, si nos apoyamos en Dios, tanto la prosperidad espiritual como la material vendrán a nosotros.

20. Rāma

Hijos, Dios se encarna sobre la Tierra para reinstaurar el dharma (rectitud) cuando el adharma (maldad) florece y el dharma decae. A Śhrī Rāma, que nació hace miles de años el día noveno del mes de chaitra (marzo/abril), se le considera la personificación del dharma.

Los avatares (encarnaciones de Dios) enseñan a la gente con el ejemplo personal. Reflejan las limitaciones de la era en la que viven. Como todos los demás, también tienen que pasar pruebas y tribulaciones. No nos enseñan a evadirnos de los problemas, sino a vivir en medio de ellos sin hacer concesiones en nuestros ideales y valores. Nos muestran cómo afrontar las pruebas de la vida con un aplomo imperturbable. De ese modo, sus vidas nos sirven de inspiración para seguir el camino del dharma.

Muchas personas pueden preguntarse por qué, si Rāma era omnipresente, se fue detrás del ciervo dorado. ¿No sabía que era el demonio Mārīcha disfrazado? Fue entonces cuando Sītā fue secuestrada. Rāma adoptó la forma humana con todas las peculiaridades y características de la misma. Por eso, igual que los demás seres humanos, también mostró conocimiento e ignorancia, fuerza y debilidad. Cuando has empezado a jugar a algo, no puedes cambiar las reglas del juego a la mitad, ¿verdad?

Amma recuerda una historia. Un príncipe jugaba al escondite con sus amigos en el jardín del palacio. Con la dicha del juego, se olvidó completamente de sí mismo. Cuando le tocaba descubrir a sus amigos, salió corriendo y buscó por muchos lugares un buen rato, pero no pudo encontrar a ninguno. Un asistente que lo vio todo, le dijo:

—Príncipe, ¿por qué tanto esfuerzo para encontrar a tus amigos? Si les ordenas «venid ante mí», ellos acudirán corriendo inmediatamente, ¿verdad? Basta con que ejerzas tu autoridad y des la orden.

Al oír aquello, el joven príncipe miró con lástima al asistente y le dijo:

—Si hago eso, ¿qué diversión habría en el juego?

Como el resto de personas, los mahātmās (almas iluminadas) afrontan alegrías, tristezas, retos, problemas y limitaciones en su vida. Lo hacen para favorecer que los demás se acerquen más y establezcan un vínculo personal con ellos.

En realidad, los avatares vienen con un objetivo que va más allá de la protección del dharma: quieren suscitar devoción en el corazón humano. Cautivan a las personas con sus encantadoras līlās (juegos divinos). Desde la misma infancia, crecemos forjando vínculos con los demás. Nuestro primer vínculo es con nuestra madre. Luego establecemos lazos con nuestro padre, hermanos y otras personas. Después resulta fácil conectarnos con Dios en forma humana. Así es como Śhrī Rāma y Śhrī Kṛiṣhṇa se ganaron un lugar en el corazón humano. La cultura de la devoción florece en el mundo por medio de ellos.

La forma en que Rāma afrontó todas y cada una de las situaciones que vivió son lecciones que tenemos que aprender. Su vida nos enseña cómo debemos comportarnos con nuestros padres, hermanos y amigos, el comportamiento ideal de un rey con sus súbditos y la manera en que hay que conducirse durante una crisis moral. Śhrī Rāma no se regocijó excesivamente cuando supo que sería coronado rey, ni se descorazonó cuando se le arrebató el proyecto de reinar. Siguió comportándose cariñosa y respetuosamente incluso con Kaikēyī, que fue la causante de ese cambio de fortuna. Así, Rāma fue un ejemplo ideal de los valores más elevados que hay que seguir en la vida en todos los sentidos.

El consejo a Lakṣhmaṇa

La historia de Śhrī Rāma lleva siglos cautivando y elevando el corazón de millones de personas. Los mahātmās actúan con extraordinaria presencia de ánimo, valor e inteligencia práctica en circunstancias que confundirían a las personas corrientes. También revelan una compasión ilimitada y una paciencia infinita. El Lakṣhmaṇōpadēśha, que es el consejo que Śhrī Rāma le dio a Lakṣhmaṇa, es una de esas situaciones.

Cuando Rāma supo que iba a ser exiliado al bosque para cumplir las palabras de su padre Daśharatha, se preparó con suma compostura. No sintió ni ira ni resentimiento. Sus músculos faciales no realizaron el menor gesto. Pero Lakṣhmaṇa, que veía y adoraba a Rāma como Dios, empezó a bufar con una ira y un odio incontrolables contra Daśharatha y Kaikēyī, los que enviaban a Rāma a un exilio de catorce años. Al ver aquello, Rāma acarició cariñosamente a su querido hermano pequeño. Su mero roce calmó un poco a Lakṣhmaṇa. Cada palabra que Rāma pronunció a partir de entonces, así como todos sus gestos, fueron tan hábiles que podrían haber venido de un experto psicólogo.

Cada emoción provoca unas vibraciones específicas. Las vibraciones del cariño que una madre siente por su bebé son diferentes de las que emanan de alguien enfadado o embriagado. Las vibraciones de la lujuria son completamente diferentes. Śhrī Rāma tenía un temperamento plácido y pacífico. Por eso, no era raro que su presencia y su contacto provocaran un cambio en la mente de Lakṣhmana.

Inicialmente, Rāma no le dio a Lakṣhmaṇa ningún consejo espiritual. Sabía que en la mente de una persona enfadada no podía entrar ningún consejo. Primero había que calmarlo. Solo una mente calmada podía oír y entender. En lugar de llamar a

Lakṣhmaṇa «Daśharathātmaja» («hijo de Daśharatha»), Rāma se dirigió a él como «Saumitra» («hijo de Sumitrā»). Furioso con su padre y con Kaikēyī por la injusticia cometida contra su hermano mayor, Lakṣhmaṇa ya había desenfundado la espada. Si Rāma hubiera mencionado entonces el nombre de Daśharatha, la ira de Lakṣhmaṇa se habría duplicado. Rāma pensó que recordándole a su madre, que era un depósito de sabiduría y madurez, la furia de Lakṣhmaṇa se aplacaría. Por eso le llamó «Saumitra».

Los mahātmās no solo proporcionan soluciones para los problemas temporales. Utilizan los problemas temporales como pretexto para comunicar verdades eternas que pueden ayudar a resolver los problemas más importantes de la vida. Rāma adoptó ese enfoque en el consejo que le dio a Lakṣhmaṇa.

Fue la misma táctica que Śhrī Kṛiṣhṇa empleó con Arjuna, que se había quedado petrificado ante la perspectiva de luchar en la guerra de Kurukṣhētra. A través de Lakṣhmaṇa y Arjuna, Rāma y Kṛiṣhṇa mostraron a la humanidad el verdadero camino hacia la paz y la victoria.

Rāma-rājya

La humanidad ha soñado siempre con una sociedad en la que prevalezcan la paz y la prosperidad y en la que el gobernante proteja a sus ciudadanos como a sus propios hijos. Por eso es por lo que todavía recordamos en la actualidad el reinado de Mahābalī, donde todos eran iguales, y el reinado de Rāma (Rāma-rājya), donde se trataba a todos justamente.

El Rāma-rājya se caracterizó por una abundante prosperidad. El rey se adhería al dharma y sus súbditos lo imitaban. El Rāma-rājya se ha convertido en sinónimo de la forma ideal de gobierno.

Una vez, hubo una reunión de poetas en la corte del rey Bhōja. Un poeta recitó su poema, donde alababa al rey Bhōja como igual a Rāma, y decía que su reinado fue tan utópico como el

Rāma-rājya. Cuando terminó de recitarlo, todos aplaudieron. En ese momento, un cuervo entró volando y defecó sobre la cabeza del poeta, que se sintió molesto. El rey ordenó que atraparan al cuervo, que empezó a hablar:

—Majestad, defequé en la cabeza de este poeta porque ha mentido. Ni tú eres igual que Rāma ni tu reinado equivale al Rāma-rājya. Te lo voy a demostrar. Por favor, sígueme.

El rey, sus ministros y el poeta siguieron al cuervo. Cuando llegaron a la cueva, el cuervo entró y les pidió que cavaran. Al hacerlo, descubrieron miles de brillantes piedras preciosas. El cuervo dijo:

—Durante el Rāma-rājya, había un hombre rico que no tenía hijos. Prometió darle al rey una olla llena de joyas si tenía un hijo. Por la gracia de Dios, pronto se convirtió en padre. Acudió a Rāma con una vasija llena de joyas, pero el rey no aceptó el regalo, sino que le pidió que las repartiera entre los pobres del reino. Pero en el periodo del Rāma-rājya no había ninguna persona pobre. Entonces, Rāma le pidió al hombre que le diera las joyas a cualquiera que las quisiera; pero no había nadie dispuesto a aceptar una riqueza que no hubiera ganado con su esfuerzo. Estas son las joyas que nadie quiso. Majestad —prosiguió el cuervo—, ordena a tus ministros y al poeta que abran las manos.

Cuando hicieron lo que se les pedía, el rey vio que tenían las manos llenas de joyas. El cuervo dijo:

—Majestad, espero que al menos ahora hayas entendido que tu reino no es el Rāma-rājya.

Aunque esta historia pueda sonar inverosímil, es una bella descripción de un gobierno ideal. El gobernante no tiene amigos o parientes, solo súbditos. Su bienestar es su único interés. Gobernar es una forma de ascesis para un gobernante ideal, una adoración de lo divino, un sacrificio de sí mismo por el bien del mundo. Así era el reinado de Rāma.

Sītāyana

Cuando oímos la palabra Rāmāyaṇa, la primera persona que nos viene a la mente es Rāma. Sin embargo, Sītā es igual de importante. Su lealtad imperecedera a Rāma y su paciencia, aguante y dedicación a los valores no conocen igual. El ideal indio de feminidad halla su expresión luminosa en Sītā. La santidad de los vínculos familiares se ha mantenido durante siglos gracias a ella.

Cuando Rāma intentó impedir que Sītā lo siguiera al bosque, ella le recordó que estar con su marido en la dicha y el sufrimiento eran el derecho y la responsabilidad de la esposa. Sus palabras son una revelación para la sociedad actual, que evita las responsabilidades y solo se fija en los beneficios.

El secuestro de Sītā revela la gloria de la viraha-bhakti, la devoción nacida de la separación de Dios. Sītā ansiaba el ciervo dorado, aunque tenía a Rāma con ella. Es decir, su mente estaba esclavizada por el deseo. Pero, cuando Rāvaṇa la secuestró, Sītā sufría por Rāma. Como un caballo con anteojeras, que solo mira el camino que tiene por delante, su mente estaba completamente enfocada en Rāma. Cuando la Luna (chandra) brilla, vemos la Luna y no la oscuridad de la noche. Del mismo modo, la angustia hacía que Sītā se enfocara exclusivamente en Rāmachandra, no en la tristeza que le provocaba su ausencia. Rāvaṇa hizo todo lo que pudo por tentar a Sītā, tanto en persona como por medio de mensajeros. Le prometió hacerla reina de Laṅkā y darle todas sus riquezas si lo aceptaba; pero Sītā permaneció indiferente. Resistió valientemente el despiadado acoso y los insultos por parte de las malvadas diablesas. Incluso en plena tortura, Sītā solo meditaba en Rāma. El sufrimiento que le causó la separación hizo que todas sus vāsanās (tendencias latentes) se sublimaran. Finalmente, su corazón quedó completamente purificado y se reunió con Rāma.

El amor se intensifica cuando nos separamos de nuestro amante. Ese amor tiene la intensidad frenética de un pez que está fuera del agua jadeando por un poco de aire y luchando por volver al agua. Podemos ver esta actitud en Sītā y las gōpīs (lecheras) de Vṛindāvan. En ellas comprobamos que un devoto que piensa constantemente en Dios puede trascender mentalmente cualquier situación, por muy desafiante o dolorosa que sea.

Cuando Hanumān expresó su deseo de liberar a Sītā del cautiverio y devolvérsela a Rāma, la respuesta de Sītā fue contundente: si alguien que no fuera Rāma la salvaba, su excelente reputación quedaría manchada. Eso muestra claramente que Sītā seguía teniendo la mente clara y ecuánime incluso en medio de un gran peligro.

Su vida es una fuente inmortal de inspiración para los devotos de Dios y un faro que guía a las familias. Es un Ganges sagrado que nutre y alimenta el corazón humano.

La devoción en el Rāmāyaṇa

Hijos, el Rāmāyaṇa sigue cautivando el corazón humano miles de años después. ¿En qué radica el secreto de su atractivo? Es el sabor de la devoción que impregna el Rāmāyaṇa. Ese sabor suaviza y purifica el corazón humano. Si sumergimos un melón amargo en panela durante muchos días, su amargor natural se transformará en dulzor. Del mismo modo, si dirigimos la mente hacia Dios y nos entregamos a él, la mente se limpiará de todas las impurezas.

En el Rāmāyaṇa pueden verse las distintas formas y estados de ánimo de la devoción. La devoción de Lakṣhmaṇa era diferente de la de Bharata. La devoción de Sītā no era la misma que la de Śhabarī. El anhelo de la proximidad y la presencia del amante es una característica de la devoción. Podemos ver esta cualidad en Lakṣhmaṇa. Siempre estaba dedicado al servicio de Rāma, prescindiendo incluso de la comida y el sueño. La devoción de

Bharata era diferente. Era serena. Para él, gobernar el reino era un acto de adoración a Rāma. Cualquier acción se convierte en adoración si se realiza recordando a Dios y con una actitud de entrega. Si no, incluso el culto en el tempo se convierte en una acción más.

La devoción de Hanumān se caracterizaba por el discernimiento, el entusiasmo, la fe, la confianza y la entrega. Hanumān era ministro de Sugrīva y se convirtió en servidor de Rāma cuando le conoció. Mientras su relación con Sugrīva era mundana, el vínculo de Hanumān con Rāma personificaba la relación entre el jīvātmā (el yo individual) y el Paramātmā (el Yo Supremo). Hanumān también muestra cómo se puede pensar constantemente en Dios por medio del japa (recitación repetida del nombre del Dios).

La devoción no viene de un nacimiento elevado o de la erudición. Solo un corazón puro puede obtener devoción. Eso es lo que aprendemos de Śhabarī. Cuando su guru le dijo que Rāma vendría a verla algún día, Śhabarī confió en él completamente. Todos los días, limpiaba el āśhram y tenía preparados los utensilios de la pūjā en previsión de su llegada. Le preparaba un asiento. Pasaron los días, los meses y los años. Su espera no fue en vano. Un día, Rāma llegó al āśhram de Śhabarī y aceptó su hospitalidad. Su historia demuestra que Dios acude sin duda a un corazón que le espera fielmente.

La devoción no debe ser solo emocional. Esa devoción puede ser intensa, pero es pasajera. Lo que hace falta es una devoción arraigada en el conocimiento. La devoción no debe ser para cumplir algún deseo. Cuando las semillas de la devoción han germinado, hay que trasplantarlas a los campos del conocimiento. Así recogeremos una buena cosecha y alcanzaremos el verdadero conocimiento.

Rāma era capaz de alimentar la devoción de sus hermanas y hermanos, sus amigos, sus súbditos, los pájaros y los animales. Sin saberlo, rendimos culto en el altar de la grandeza, donde quiera que esté, buscando la semilla de la devoción que se oculta en todos los corazones. Debemos nutrirla de pensamiento, palabra y obra. Debe crecer hasta revelarnos que el universo entero está lleno de conciencia divina. El Rāmāyaṇa nos muestra el camino hacia ese conocimiento.

La cultura del Rāmāyaṇa

Hijos, hay que enseñarles a todos los niños los valores que se requieren para llevar una buena vida, y esos valores hay que transmitirlos en el hogar. Los mayores deben ser modelos de conducta para los más jóvenes. Deben impartirles lecciones morales usando consejos afectuosos o serias reprimendas. Antiguamente, las abuelas y las madres les contaban a los niños historias de los purāṇas, que les permitían asimilar los valores encarnados en las mismas. El Rāmāyaṇa es el medio más adecuado para enseñar a la generación más joven una cultura y unos valores elevados.

Muchos personajes del Rāmāyaṇa personificaron en su vida los ideales más nobles, inspirándonos a emularlos. Lakṣhmaṇa era un depósito de amor fraternal y devoción a su hermano mayor. Bharata era la encarnación del amor desinteresado y el sacrificio. Sītā demostró resistencia, determinación y una lealtad inquebrantable a su marido. Hanumān era el ejemplo de la destreza en la acción y la entrega total. Hay muchos modelos similares que los niños pueden elegir.

Daśharatha no faltó a la palabra que le había dado a Kaikēyī, aunque eso le rompiera el corazón. Lo que le había atraído de ella no era su belleza y el amor que le demostraba, sino su disposición a sacrificar su vida por él en el campo de batalla. En cuanto a Rāma, renunció al trono, como si se tratara de una insignificante hierba, para apoyar la promesa que hizo su padre. ¿Y qué decir de Sītā? Cuando Rāma decidió irse al bosque, podría haber respondido: «No te vayas al bosque. Este reino es tu derecho de nacimiento». Pero no lo hizo. Al contrario, siguió silenciosamente a su marido al bosque. ¿Qué demostró Bharata? No pensó «ahora que mi hermano ya no está, puedo gobernar el reino sin ningún impedimento». Por el contrario, fue a buscar a su hermano y volvió trayendo sus pādukas (sandalias), que situó con veneración en el trono, y gobernó el país como un regente, rehuyendo todas las comodidades de la realeza y adoptando un estilo de vida ascético.

Los personajes del Rāmāyaṇa encarnaron los ideales necesarios para el bienestar de cualquier familia. Debemos transmitir esos valores a nuestros hijos e hijas. Sin embargo, no solemos hacerlo, y ese fracaso se refleja en la sociedad actual, que produce Kamsas[6]. Nuestros hogares deben estar empapados de la cultura del Rāmāyaṇa para lograr un cambio y producir Rāmas y Hariśhchandras[7].

El Rāmāyaṇa Kiḷippāṭṭu[8] adopta la forma del consejo que Śhiva, el cabeza de familia, le dio a Pārvatī, la madre. Debemos reclamar una cultura en la que los padres conversen sobre Dios y los asuntos espirituales y los hijos crezcan oyendo esas palabras. Entonces habrá amor, unidad y prosperidad en el hogar. La paz y los valores emergerán en la sociedad.

Devoción por Rāma

Hijos, tanto el Rāmāyaṇa como el Mahābhārata nos enseñan a superar los obstáculos de la vida mundana para llegar al Yo Supremo. Podemos aprender de todos los personajes del Rāmāyaṇa. Allí se muestra claramente que hasta los personajes más

---

[6] Kamsa era el tío de Kṛiṣhṇa. Intentó matarle en varias ocasiones, pero finalmente Kṛiṣhṇa le mató a él.

[7] Rey legendario conocido por adherirse a la verdad a toda costa.

[8] Versión popular del Rāmāyaṇa en malayāḷam.

nobles pueden caer en desgracia por culpa de la irreflexión. A través de sus vidas podemos comprender la diferencia entre el bien y el mal, la rectitud y la maldad.

Aunque haya muchos personajes ejemplares en el Rāmāyaṇa, sin duda el que más destaca es Hanumān. No era en absoluto soberbio. Le entregó el cuerpo, la mente y todas sus capacidades a Rāma. Mientras se esforzaba trabajando para Rāma, Hanumān se olvidaba de la palabra «descanso». Se cree que Hanumān sigue viviendo en la actualidad solo para recitar el nombre de Rāma y escuchar historias sobre Él.

Un episodio de la vida de Hanumān sirve de ejemplo de la verdadera naturaleza de la relación entre un guru y un discípulo. Una vez, un sabio tomó un poco de agua creando una copa con las manos para realizar el culto vespertino. Un gandharva (ser celestial) que viajaba por el cielo miró hacia abajo y escupió. El escupitajo cayó sobre las manos del sabio. Molesto y enfadado, el hombre acudió a Śhrī Rāma y le pidió que matara al gandharva para compensar el mal que le había ocasionado. Rāma accedió a su petición.

Cuando el gandharva se enteró de aquello, pidió refugio a la madre de Hanumān. Entre lágrimas, le suplicó:

—Madre, corro un grave peligro. Sálvame, por favor.

Aquel ruego conmovió su corazón maternal y le dijo a Hanumān:

—Hijo, le he dado al gandharva mi palabra de que voy a salvarle la vida. Tienes que cumplir mi palabra.

Hanumān accedió. Cuando Śhrī Rāma fue a matar al gandharva, Hanumān le dijo que se colocara detrás de él y recitara el nombre de Rāma. Hanumān también juntó las palmas en oración y recitó el nombre de Rāma. Todas las flechas que Rāma le lanzaba al gandharva se transformaban en flores que caian a sus pies. Finalmente, Hanumān le pidió a Rāma:

—Si lo permites, que el gandharva le pida perdón al sabio.

Tanto Śhrī Rāma como el sabio aceptaron la propuesta. Así, llegaron a una solución amistosa y el gandharva se salvó de la muerte.

Incluso cuando Hanumān tuvo que enfrentarse a Rāma en combate, se refugió en Él y en su nombre. No solo eso; llevó a otros por el camino de la devoción a Rāma, mostrando de ese modo el dharma supremo de un discípulo. Hanumān fue el discípulo ideal. No vamos a encontrar a otro como él.

21. Ideas preconcebidas

Hijos, a sabiendas o no, muchos albergamos prejuicios sobre los demás. Nuestras preconcepciones no nos permiten entenderlos adecuadamente. Una persona que lleve lentes teñidos de amarillo lo verá todo amarillo. Tenemos que estar dispuestos a quitarnos las gafas de las ideas preconcebidas antes de mirar el mundo.

Un sastre nos volverá a tomar las medidas cada vez que lo visitemos aunque vayamos con frecuencia. Un buen sastre nunca hace ropa nueva utilizando medidas antiguas porque sabe que nuestra talla puede haber cambiado desde la última medición. No nos damos cuenta de que nuestras opiniones sobre los demás también pueden haberse quedado obsoletas. Debemos adoptar la perspectiva del sastre en nuestra vida diaria.

Cuando tenemos prejuicios en nuestras relaciones con los demás surgen muchos problemas. No hay ninguna razón para que un ladrón no pueda cambiar de vida. Piṅgalā, una prostituta, se convirtió en una ardiente devota. Ratnākaran, el famoso bandido, se transformó en el venerable sabio Vālmīki. Si podemos relacionarnos con los demás sin ideas preconcebidas, podremos descubrir cosas nuevas en esas mismas personas.

En un tribunal se estaba dilucidando un causa. Los abogados del demandante y el acusado discutían acaloradamente, pero el juez estaba sentado con los ojos cerrados, sin prestar especial atención a ninguno de ellos. Al cabo de un rato, se durmió. Al ver aquello, el secretario dijo:

—Señoría, está durmiéndose. No está escuchando a ningún letrado.

El juez replicó:

—No te preocupes. Ya he decidido el veredicto.

Y volvió a dormirse.

Si nos comportamos como el juez de esta historia, es decir, con ideas preconcebidas, echaremos por la borda la justicia y la verdad. Unos pocos individuos recibirán beneficios que no merecen mientras otros afrontarán dificultades injustificables.

Nuestros prejuicios harán que perdamos a quienes podrían ser nuestros amigos y que podrían ayudarnos. A veces, esos prejuicios podrían incluso volverse contra nosotros.

En ocasiones, nos convertimos en víctimas de nuestros propios prejuicios. Podemos creer firmemente que no podemos llevar a cabo determinadas cosas. Sin embargo, si perseveráramos, quizá podríamos hacerlas. Esas ideas preconcebidas demuestran falta de confianza en uno mismo, lo cual es tan peligroso como una idea excesivamente positiva sobre nuestras capacidades.

Los prejuicios solo nos esclavizan porque damos demasiada importancia al pasado. Tenemos que aprender a vivir siempre en el momento presente y esforzarnos por mantener el corazón y la cabeza eficientes y sin cargas.

22. Abandona las ideas preconcebidas

Hijos, si examinamos cómo respondemos a las situaciones que se nos presentan, observaremos que las ideas preconcebidas suelen conformar nuestras respuestas. Debemos aprender a afrontar las circunstancias de la vida sin prejuicios. Tenemos que ser como el sastre, que toma medidas de nuevo cada vez que un cliente le pide una prenda. No confeccionará la ropa basándose en las medidas que haya tomado previamente. Como sabe que la talla puede cambiar en un corto período de tiempo, tomará medidas nuevas cada vez. Aquí hay una importante lección: no dar nunca nada por supuesto.

Amma recuerda una historia. Un hombre de mediana edad paseaba con su hijo por un parque. El hijo le preguntó, emocionado:

—Mira, papá, ¿es eso una rosa?

—Sí, hijo —le respondió el padre con gran alegría y entusiasmo.

—¿Es el color de esa rosa lo que llaman rojo?

—Sí, hijo, eso es el rojo.

Viendo el césped verde ante él, el joven preguntó:

—Papá, ¿es esto hierba? ¿Es este el color verde?

—Sí, hijo, esto es hierba y la hierba es de color verde.

De ese modo, el padre y el hijo siguieron señalando distintas cosas y hablando en voz alta y con emoción. Un hombre que buscaba algo de paz y tranquilidad estaba sentado en un banco del parque. Irritado por el ruido, le dijo al padre:

—Hay gente como yo, que venimos aquí esperando disfrutar de un poco de paz mental, pero, como tu hijo y tú estáis hablando tan alto, he perdido toda la que tenía. Diga lo que diga ese niño retrasado, siempre respondes: «Sí, hijo, sí, hijo». Pero eso no le va a llevar a mejorar, en absoluto.

Al oír aquello, el padre y el hijo se quedaron en silencio un rato. Después, recuperando la compostura, el padre dijo:

—Perdónenos. Mi hijo no es retrasado. Nació ciego. Hace dos días le operaron para que pudiera recuperar la visión. Cuando le quitamos los vendajes, quería llevarle a un lugar donde pudiera contemplar paisajes hermosos. Por eso hemos venido aquí. Emocionado por la belleza de este jardín, que está viendo por primera vez, me ha hecho muchas preguntas y yo le he ido respondiendo con el mismo entusiasmo, olvidándome de todo lo demás. ¡Qué gozo tan enorme se debe sentir al encontrar un tesoro! La euforia hace que uno se olvide de lo que le rodea. Es lo que nos pasó. Por favor, perdónenos.

Al oír aquellas palabras, el hombre sintió remordimientos. Les pidió perdón por haber hablado tan agresivamente. Ese mismo día hizo una promesa: «A partir de hoy, nunca juzgaré a nadie prematuramente enfadándome con él o ella».

Cuando comprendió que su ira se debía a un malentendido y a ideas preconcebidas, la cólera se convirtió en amor y compasión. Si podemos calibrar las situaciones con paciencia, seremos sin duda capaces de despertar el amor y la compasión en nuestro corazón. Que mis hijos e hijas sean capaces de hacerlo.

23. Un corazón como el de un niño

Hijos, el egoísmo y la soberbia rampantes que encontramos en la sociedad actual están asfixiando el pequeño mundo de juego y risas inocentes de los niños. Actualmente, solo nos resultan familiares las sonrisas astutas y artificiales, que no son verdaderas sonrisas sino un estiramiento de los labios. No son sinceras. Hay que reivindicar el mundo de los niños, lleno de juegos y risas inocentes. El corazón de un niño yace dormido en cada uno de nosotros. Nunca podremos experimentar paz o alegría sin despertarlo.

Tener un corazón como el de un niño no significa ser infantil, lo cual implica un comportamiento sin discernimiento e inmaduro. Un corazón como el de un niño es otra cosa. Se refiere a la actitud de principiante, a la curiosidad y el entusiasmo por aprender de todo sin aburrirse. En un corazón como el de un niño hay sabiduría. Alguien puede decir que los niños carecen de discernimiento; pero tienen suficiente sabiduría para saber que solo pueden apoyarse en su madre.

Los niños juegan con abandono, disfrutando y olvidándose del mundo que los rodea. Aunque se enfaden o se entristezcan, lo olvidan al instante. Su corazón es ligero y libre. Encuentran alegría en las pequeñas cosas. Por eso, tienen un entusiasmo inagotable. Sienten una curiosidad insaciable por todo. Esas son las características de un corazón como el de un niño.

Algunos niños le cuentan a Amma: «La madre de mi amigo tiene cáncer. Su padre no tiene trabajo y en casa no tienen comida. Amma, por favor, ayuda a su padre a encontrar un buen trabajo».

Todos tenemos en nuestro interior un corazón así, como el de un niño, que anhela compartir el sufrimiento de los demás y consolarlos. Eso se manifiesta en la infancia.

La amiga de una niña se murió. La niña fue a casa de su amiga. Cuando volvió, su padre le preguntó:

—¿Qué hiciste allí?

—Consolé a la madre de mi amiga —respondió.

—¿Y cómo lo hiciste? —le preguntó su padre.

—Me senté en su regazo y lloré con ella.

El corazón de los niños se apega emocionalmente a las otras personas, a las aves, los animales, las flores y las mariposas. Se entristecen cuando ven sufrimiento, aunque sea el de un insecto diminuto. Nosotros también teníamos esa cualidad cuando éramos pequeños, pero la perdimos conforme crecimos. Nos hemos convertido en encarnaciones del egoísmo y la soberbia.

Dentro de todos sigue habiendo un corazón como el de un niño. Si somos capaces de despertarlo, podremos avanzar hacia un futuro gozoso y lleno de éxito.

24. El valor del tiempo

Hijos, vivimos en una época frenética. Apenas tenemos tiempo para recuperar el aliento mientras vamos corriendo de una tarea a otra.

«No quedes ahí sentado sin hacer nada. ¡Haz algo!». Desde la infancia, hemos oído a nuestros padres y profesores decirnos esto; pero ha llegado el momento de que pensemos: «¿Por qué no quedarnos quietos un rato en lugar de hacer algo?».

El exceso de velocidad al hacer cualquier cosa mata su belleza. Es como abrir a la fuerza los pétalos de un capullo de rosa. Solo conseguiremos destruir su aroma y su belleza.

La mayor parte de las cosas a las que dedicamos nuestro tiempo no nos van a dar la felicidad. No solo eso: nos van a quitar toda la felicidad que teníamos. Algunas personas van con su familia a la playa a ver la puesta de sol, pero en lugar de verla se pasan todo el tiempo hablando por el móvil. De ese modo, no son capaces de apreciar la belleza del mar o de la puesta del sol.

Incluso en casa, muchas personas dedican el tiempo a mirar Facebook y se olvidan de mirar a la cara a su esposa o sus hijos, que están sentados a su lado. Quizás la esposa esté triste por algo o puede que sus hijos tengan problemas, pero el hombre no tiene tiempo para mirarlos a la cara.

Una vez, un padre volvió a casa del trabajo y vio que su hijo de cinco años lo estaba esperando. El niño le preguntó:

—Papá, ¿cuánto ganas por una hora de trabajo?

—Trescientas rupias —respondió el hombre.

—Papá, por favor, dame doscientas rupias.

Pensando que su hijo quería el dinero para un juguete nuevo, el padre se enfadó:

—No tengo tiempo para tus tonterías infantiles. No me cuentes nada más.

El hijo se fue en silencio a su cuarto y cerró la puerta.

Al cabo de un rato, el padre pensó que debería haber sido más cariñoso y paciente con su hijo. Abrió la puerta del cuarto y le preguntó:

—Hijo, ¿te has dormido?

—No, papá.

—Espero que no estés triste porque antes me enfadara contigo. Aquí tienes las doscientas rupias que me pediste. Hijo, ¿para qué necesitas el dinero?

La cara del niño se ilumino de alegría. Sacó un billete de cien rupias de debajo de la almohada. Ofreciéndole trescientas rupias a su padre, dijo:

—Papá, aquí tienes trescientas rupias: ¿pasarás una hora conmigo?

En medio de vuestra ajetreada vida, no os olvidéis de observar el mundo que os rodea. Compartid algo de amor, bondad y gozo con vuestra familia, amigos y compañeros. Vivid en el momento presente. Disfrutad de la vida.

25. Los frutos de las acciones pasadas

Hijos, algunas personas preguntan si Dios es parcial. En el mundo, algunas personas tienen buena salud mientras que otras están siempre enfermas. Unas son pobres y otras son ricas. Unas son guapas y otras feas. No podemos echarle la culpa a Dios de esa desigualdad. Nosotros somos los únicos responsables. La acción pura cosecha resultados perfectos. El dolor del prārabdha (consecuencias de las acciones pasadas) que experimentamos hoy es el resultado de las acciones descuidadas que realizamos en el pasado. No tiene sentido echarle la culpa a Dios de ello. Por ejemplo: utilizando semillas modificadas genéticamente y fertilizantes químicos, podemos multiplicar por diez las cosechas. Sin embargo, al hacerlo reducimos drásticamente el valor nutricional de los cereales y las verduras. No solo eso: al ingerir esos alimentos, el cuerpo se contamina con compuestos químicos dañinos. La salud, tanto de los que comen esos alimentos como la de sus hijos, se ve perjudicada. Esa situación se debe a nuestro egoísmo. No podemos echarle la culpa a Dios.

En una ocasión, un encargado les pidió a sus dos trabajadores que partieran piedras. Un trabajador era físicamente fuerte y el otro era débil. Unos días después, el jefe fue a comprobar cómo progresaba el trabajo. Señaló una gran roca a cada uno de los trabajadores y les pidió que la partieran. El fuerte golpeó diez veces su roca, pero no fue capaz de romperla, mientras el débil golpeó su roca tan solo dos veces y la misma se partió por la mitad. El fuerte le preguntó al débil:

—¿Cómo has partido la roca con solo dos golpes?

El hombre respondió:

—Ya la había golpeado antes muchas veces con el martillo.

Igualmente, si la vida es fácil para unos y difícil para otros es por las acciones que han realizado en el pasado. Nuestro crecimiento actual se debe a las buenas acciones realizadas anteriormente. Si queremos tener un futuro brillante, debemos hacer buenas acciones en el presente. De lo contrario, sufriremos el día de mañana.

A pesar de ello, cuando veamos sufrir a alguien no debemos pensar que es consecuencia de sus acciones pasadas. Al contrario, debemos considerar que nuestro deber es ayudarlo. Si ayudamos a los que están afligidos, se nos eximirá de sufrir más tarde. Sacando a alguien que ha caído en una fosa, podremos evitar nuestra futura caída.

En un sentido, el sufrimiento procedente del prārabdha es una bendición de Dios, ya que nos ayuda a recordarlo. Podemos ver que personas que no han acudido a Dios ni una sola vez se vuelven hacia Él cuando empiezan a sufrir y emprenden el camino de una vida virtuosa. De ese modo, pueden librarse del sufrimiento provocado por las acciones pasadas.

26. Aprender a dar

Hijos, el sacrificio y la sencillez se consideraban ideales de vida hasta hace poco. La visión ha cambiado. Actualmente, la meta de la mayoría de la gente es ganar el máximo dinero posible y disfrutar de placeres materiales. Para muchos, el éxito consiste en tomar todo lo que puedan de la sociedad y dar lo mínimo posible.

En realidad, debería haber un equilibrio entre el individuo y la sociedad. Si recibimos algo de la sociedad o la naturaleza, estamos obligados a devolver algo a cambio. Si cada persona se esforzara en dar más de lo que recibe, en la sociedad prevalecerían la paz, la unidad y la prosperidad.

Ya sea en familia o en la sociedad, nuestra actitud hacia todos y todo se ha vuelto comercial. Incluso nuestra relación con Dios es ahora así. La actitud respecto a Dios y al guru debe ser de entrega total. Sin embargo, en su presencia también calculamos cuánto podemos obtener de ellos.

Amma recuerda una historia. Una vez, un adinerado empresario se fue de crucero. De repente, se desató una terrible tormenta. El capitán del barco anunció que las probabilidades de sobrevivir eran escasas. Todos los que estaban a bordo se pusieron a rezar. El empresario rezó: «Señor, si sobrevivo, venderé mi hotel de cinco estrellas y te donaré el 75% de lo que me den. Sálvame, por favor».

Milagrosamente, el mar se calmó en seguida y todos llegaron a salvo a su destino. La preocupación invadió al empresario. Pensaba: «Madre mía, si vendo el hotel podría ganar por lo menos un crore (diez millones) de rupias. Le he prometido el 75% de esa venta a Dios. ¿Realmente tengo que darle tanto? ¿Qué puedo hacer?». Empezó a pensar en la forma de salir de aquel apuro.

Al día siguiente, apareció un anuncio en el periódico: «Se vende hotel de cinco estrellas. Precio: una rupia».

La demanda para adquirir el hotel fue enorme. El empresario anunció: «Vendo este hotel por una rupia; pero con una condición: quien quiera comprar el hotel, también tendrá que comprarme mi perro, que cuesta diez millones de rupias».

Finalmente, el hotel se vendió. El empresario fue al tempo y le dio setenta y cinco paisa (céntimos de rupia) a Dios.

Esta es la actitud de muchas personas. Están dispuestas a engañar incluso a Dios para lograr sus objetivos.

En la actualidad, vemos el mundo con la mirada de un empresario. En cualquier ámbito, buscamos solo nuestro propio beneficio. Con esta actitud podemos avanzar, pero ese avance es peligroso. Las células cancerígenas crecen descontroladamente y el resultado es la muerte de la persona. Del mismo modo, un «progreso» que es perjudicial para la sociedad no es nunca un auténtico progreso. Acabará provocando la destrucción tanto del individuo como de la sociedad. Todos y todas tienen derecho a crecer y expandirse. Nuestro crecimiento debería ayudar a crecer a los demás.

En realidad, cualquier cosa que le demos al mundo nos vuelve. Cuando sembramos una semilla, la tierra nos devuelve una cosecha cien veces mayor que lo que sembramos. El mérito que recibimos por las buenas acciones no solo nos ayuda en nuestra vida actual, sino que nos asegura un futuro propicio. El verdadero éxito en la vida consiste en dar más que en tomar.

27. Soy amor. El amor es mi verdadera naturaleza

Hijos, el amor es lo que más anhela la gente. La gente hace amigos, se casa y crea una familia solo por amor. Sin embargo, la mayor pobreza que hay en el mundo actual es la falta de amor. Todos quieren recibir amor, pero nadie quiere darlo. Si amamos, lo hacemos con muchas limitaciones, con expectativas y condiciones. Esas relaciones se pueden desmoronar en cualquier momento. Ese amor puede convertirse en odio y enemistad. Esa es la naturaleza del mundo. No sufriremos si lo entendemos. La naturaleza del fuego es dar luz y calor. No es realista esperar que el fuego solo dé luz y no calor. Igualmente, si podemos aceptar que el amor mundano inevitablemente produce dolor, seremos capaces de afrontar con ecuanimidad todas y cada una de las situaciones.

El amor puro está en todos. Todas y todos tenemos la capacidad de amar a los demás sin expectativas. Como el amor es nuestra naturaleza, no podemos perderlo nunca. Un diamante puede parecer apagado dentro de una botella de aceite; pero podremos restaurar su brillo si le quitamos esa gruesa capa de aceite. Del mismo modo, si eliminamos las impurezas de la mente, podremos recuperar la forma de amor más pura.

La escalera del amor tiene muchos peldaños. Actualmente, muchos estamos en el peldaño inferior. No debemos pasar allí el resto de nuestra vida. Hay que subir lentamente la escalera, escalón a escalón. Así podremos llegar al peldaño superior del amor y completar plenamente nuestra vida.

La gente suele decir: «Te quiero». Pero la realidad es: «Soy amor. El amor es mi verdadera naturaleza». Cuando decimos «te quiero», hay dos entidades: «yo» y «tú». Hay un espacio entre ambas. Ese espacio aplasta el amor.

Desde esta perspectiva de «yo» y «tú», amar a otro con expectativas es como una culebrilla intentando tragarse una gran rana: una terrible experiencia para ambas. Si, por el contrario, amamos sin ninguna expectativa, nunca sentiremos tristeza. Nuestro amor desinteresado despertará el amor desinteresado en los demás. Entonces la vida se llenará de amor y de gozo. Descubriremos que «el amor es mi verdadera naturaleza». A partir de entonces, nos liberaremos del deseo y las expectativas. Nuestro amor será como un río, una corriente libre que toca y purifica a todos y todas. Todo lo que hagamos aportará un beneficio al mundo. Que todos seamos capaces de elevarnos hasta el nivel de ese amor puro.

28. La acción eficaz

Hijos, actualmente el estrés es un problema común que afecta incluso a los niños pequeños. Una máquina funciona mal cuando se calienta demasiado. Del mismo modo, la tensión afecta negativamente nuestras capacidades mentales y nuestra eficiencia. Es natural estresarse en circunstancias desfavorables o cuando afrontamos un peligro; pero, si vivimos siempre estresados, nuestra funcionalidad se reduce. El estrés habitual no solo afecta nuestra capacidad de actuar, sino que también genera toda clase de enfermedades. Cuando la mente está en calma y en paz somos capaces de pensar claramente y valorar adecuadamente las situaciones.

Una vez, un granjero perdió su reloj de pulsera en un pajar. Era un reloj que le gustaba mucho porque su abuelo se lo había dado como regalo de cumpleaños cuando era pequeño. Lo buscó por el pajar un buen rato. Al no encontrarlo, se descorazonó y dejó de intentarlo. Cerca había unos niños jugando al fútbol. Fue a preguntarles si podían ayudarle a encontrar el reloj. Los niños peinaron el pajar de arriba a abajo, pero tampoco consiguieron encontrarlo. Cuando el granjero casi había perdido toda esperanza de encontrar el reloj, uno de los niños se le acercó y le pidió que le dejara volver a intentarlo. El granjero accedió. El niño entró en el pajar y, pocos minutos más tarde, salía con el reloj en la mano.

El granjero se quedó atónito. Cuando le preguntó el secreto de su éxito, el niño le dijo:

— Me quedé sentado en el suelo un rato escuchando con atención. En ese silencio, oí el tic tac del reloj en un rincón del pajar. Entonces fue fácil encontrarlo.

Esta historia muestra claramente que una mente en calma puede pensar con claridad y encontrar fácilmente soluciones a los problemas.

Hay muchas maneras de aliviar la tensión. Podemos disfrutar de la belleza de la naturaleza, apreciar la música o participar en juegos y actividades que relajen la mente. Pasar tiempo con amigos y niños pequeños también puede ayudar a reducir la tensión. Una respiración lenta y regulada, posturas de yōga como śhavāsana (postura del cadáver) y la meditación son especialmente beneficiosas para aliviar la tensión y relajarse.

Pero lo más importante es adoptar una perspectiva sana sobre la vida. Tenemos que cultivar una conciencia que nos ayude a mantener el equilibrio interior en todo momento, en lugar de exaltarnos en la victoria o hundirnos ante el fracaso. Si lo hacemos, nuestra mente se volverá tranquila y pacífica y podremos ser más eficaces cuando actuemos.

29. Intenta no repetir errores

Hijos, es inusual que alguien no haya cometido errores, a sabiendas o no, en su vida. La mayor parte de la gente se obsesiona por los errores que ha cometido y se siente mal por ellos. Es inútil seguir preocupándose por las acciones pasadas. Lo pasado, pasado está. Si seguimos pensando en ello, perderemos las reservas de fuerza que nos queden. Por el contrario, debemos decidir: «No repetiré mis errores». Los esfuerzos puros que hagamos a partir de ese instante limpiarán nuestra mente. Eso es lo que hace falta. La pureza de la mente se revela en el deseo de alimentar pensamientos elevados y realizar buenas acciones, y por los esfuerzos que se hagan en esa dirección.

No hay pecado que no pueda lavarse con las lágrimas del remordimiento. Sin embargo, cuando sabemos lo que está mal, no debemos volver a hacerlo. La mente tiene que aprestarse para la lucha de ir por el camino correcto. Si un niño le tira un juguete a su madre, la mujer sonreirá cariñosamente, lo tomará en brazos y lo besará. Pero la madre no tolerará este comportamiento si el niño hace lo mismo cuando ya haya crecido. Del mismo modo, Dios perdona los pecados que cometemos sin saberlo, pero no los que cometemos cuando hemos comprendido lo que está bien y lo que está mal. Por tanto, debemos intentar no repetir nuestros errores.

Si cometemos un error cuando estamos escribiendo con un lápiz, podemos borrarlo. Pero solo podemos hacerlo una o dos veces. Si seguimos borrando, el papel se rasgará. El mayor pecado es repetir el mismo error a sabiendas. Tenemos que evitarlo a toda costa.

No penséis: «He pecado muchas veces. Mi mente no es suficientemente pura para rezar. Empezaré a rezar cuando mi mente se haya purificado». Nunca seremos capaces de nadar en el mar si esperamos que las olas disminuyan. ¿Os imagináis un médico que le diga a un paciente que no vuelva a la consulta hasta que se haya curado? Vamos al médico para que nos trate la enfermedad. Del mismo modo, Dios tiene que limpiarnos el corazón. La mente solo puede purificarse refugiándose en Él.

No hace falta que sigamos tristes pensando en la clase de vida que hemos llevado. El pasado es como un cheque anulado. No hace falta que sigamos lamentándonos por nuestros errores pasados. Seguimos teniendo un capital inestimable: la vida. Por tanto, debemos pensar en los grandes beneficios que podemos obtener. El optimismo da vitalidad a la vida, incluso en medio de las mayores desgracias. No hay que perder nunca nuestra fe optimista. La gracia de Dios sin duda nos protegerá.

30. Compartir

Hijos, la gente afronta dos clases de pobreza: la pobreza causada por la falta de dinero, que nos priva de cosas necesarias como la comida, la ropa y el alojamiento; y la pobreza causada por la falta de amor y compasión en la sociedad. De ellas, la segunda clase de pobreza requiere más atención por nuestra parte porque es la base de la primera. Si tenemos amor y compasión mutuos, seremos capaces de aliviar los problemas de los que padecen pobreza económica. Sin embargo, actualmente la gente se está replegando hacia sí misma, tanto en los pueblos como en las ciudades. La cultura de compartir está desapareciendo, incluso entre los cónyuges. La sociedad solo puede mantener el equilibrio si nos centramos más en dar que en tomar. Pero, en la actualidad, la mayoría solamente quiere tomar.

Había un hombre que solo quería recibir de los demás. Nunca compartía nada con nadie. Dedicaba la vida a amasar más y más riqueza. Un día mientras caminaba se tropezó y cayó en un hoyo profundo que había junto al camino. Intentó salir con todas sus fuerzas, pero no lo consiguió. Sintiéndose impotente, se puso a gritar:

—¡Socorro! ¡Auxilio!

Al cabo de un rato, un transeúnte oyó los gritos y se acercó al hoyo. Le tendió la mano y le dijo:

—Dame la mano.

Pero el hombre del hoyo no se la dio. Incluso cuando el transeúnte repitió varias veces «¡Dame la mano!», el hombre se negó a levantarla. Finalmente, el transeúnte volvió a tenderle la mano y le dijo:

—Toma mi mano.

En cuanto lo oyó, el hombre que estaba en el hoyo levantó la mano para agarrar la del transeúnte y así fue rescatado.

Muchos somos como ese hombre. Solo sabemos recibir de los demás. Ese egoísmo solo puede llevar a la decadencia de la sociedad.

Debemos cultivar una mente que anhele dar en lugar de recibir. Nuestra supervivencia se basa en la dependencia mutua. Nuestra vida no debe ser solo para nosotros mismos. Solo estamos en este mundo durante un breve período. Igual que la mariposa, que da gozo y alegría a los demás en su breve vida de unos cuantos días, cada segundo de nuestra vida debe beneficiar a los demás. Debemos compartir nuestra riqueza y nuestro gozo con los demás. Debemos volvernos uno, apoyándonos los unos en los otros, amándonos y compartiendo.

31. Dar y recibir

Hijos, los principales obstáculos que nos dificultan disfrutar de gozo en la vida son el sentido del «yo» y los pensamientos egoístas. Somos incapaces de olvidarnos de nosotros mismos y amar a los demás. Nuestra actitud actual puede expresarse así: «Lo quiero todo. Quiero apropiarme de todo». Sin cambiar esa actitud, no podemos experimentar gozo. Por tanto, en lugar de pensar en lo que podemos recibir de los demás, cultivemos el deseo de dar. Al que le encanta dar es como un rey, mientras el que solo desea recibir es como un mendigo.

Amma recuerda una historia. Una vez, un hombre fue a visitar a su amigo, al que no había visto desde hacía muchos años. Mientras estaba de pie en el césped disfrutando de la belleza de la mansión, su amigo salió. Tras intercambiar cumplidos, el visitante le dijo:

—¡Qué bonita es tu casa! ¿Quién más vive aquí además de ti?

—Vivo solo.

—¿Tú solo? ¿Es esta tu casa?

—Sí.

—¿Cómo conseguiste el dinero para comprar una casa tan grande siendo tan joven?

—Mi hermano mayor es millonario. Él me construyó la casa.

Observando a su amigo que se había quedado en silencio, el anfitrión le dijo:

—Puedo imaginar lo que estás pensando. Pensabas que ojalá tú también tuvieras un hermano millonario, ¿verdad?

—No —replicó el hombre—. No. Estaba pensando que, si fuera millonario como tu hermano, también le habría construido una mansión así a mi hermano pequeño.

Hijos, esa es la actitud que hay que tener. Aprended a dar. Solo quien da tiene derecho a tomar. Una persona generosa es bienvenida en todas partes. Lo que tomamos y experimentamos se pierde en un momento, pero lo que damos y compartimos permanece con nosotros para siempre en forma de satisfacción, paz y prosperidad.

Cuando perdemos el impulso de dar, preparamos el terreno para el hundimiento de la sociedad. Aunque no podamos educar a niños y niñas que solo anhelen dar, al menos debemos tratar de inculcarles el deseo de dar además de tomar. Solo entonces prevalecerá la armonía en cada país y en el mundo.

Hijos, puede que no tengamos los bienes necesarios para ayudar a los demás económicamente, pero al menos podemos sonreírles sinceramente o hablarles con amabilidad, ¿no? ¿Qué nos cuesta? Quien no siente compasión por los demás no puede considerarse un devoto. La compasión es el primer paso de la espiritualidad. Las personas compasivas no necesitan ir a ningún lugar en busca de Dios; es Él quien irá corriendo adonde se encuentren las personas compasivas porque su morada favorita es un corazón bondadoso.

32. Haced el bien

Hijos, vivimos en un mundo que está lleno de egoísmo. A la mayoría de las personas solo les preocupa recibir todo lo que puedan de los demás. Lo que el mundo necesita en la actualidad son personas que estén más preocupadas en dar que en tomar. Si unas cuantas personas que estén dispuestas a propagar el mensaje del altruismo con el ejemplo de su propia vida dieran un paso al frente, podríamos convertir la tierra en el cielo.

Una vez, un guru les hablaba a sus discípulos del āśhram sobre la variedad de la naturaleza humana. Llenó de agua cuatro vasos. Echó una piedra en el primer vaso. En el agua no se produjo cambio alguno. La piedra se hundió hasta el fondo del vaso. Después echó un trozo de tierra en el segundo vaso. La tierra se disolvió en el agua, enturbiándola. Echó una bola de algodón en el tercer vaso. El algodón lentamente absorbió todo el agua y quedó hinchado. Finalmente puso un terrón de azúcar en el cuarto vaso. El azúcar se disolvió en el agua, volviéndola dulce.

Señalando los cuatro vasos, el guru dijo:

—Representan cuatro clases de personas. La mayoría de las personas son como una piedra. Nunca mejorarán ni su vida beneficiará a nadie. La segunda clase es como el trozo de tierra: no solo no harán ningún bien a la sociedad, sino que además contaminarán la mente de los que entren en contacto con ellos. Contaminan la mente de todos los miembros de la sociedad. La tercera clase es como la bola de algodón que hemos metido en el agua. Son completamente egoístas. Intentan agarrar todo lo que hay a su alrededor para sí mismos y su propio disfrute. Acumulan riqueza, pero nunca ayudan a los demás de ninguna manera. La cuarta clase es como el azúcar. Aportan dulzura a la vida de los demás. Esas personas deben ser nuestros modelos. Si seguimos su ejemplo, nuestra vida también se llenará de dulzura. Poco a poco, nuestra dulzura se contagiará a otras vidas.

Quizás os preguntéis cómo puede una sola persona cambiar el mundo. Los actos pequeños de bondad influyen en muchas personas. Por ejemplo: cuando sonreímos, otros nos sonríen. Igualmente, las buenas acciones que realizamos inspiran a otras personas a hacer el bien.

No perdamos ninguna oportunidad de hacer un acto de bondad, por insignificante que sea. Igual que innumerables gotas de agua se convierten en un río, los pequeños actos de bondad que hagamos ahora contribuirán a producir una importante transformación social más tarde.

33. Dar

Hijos, nunca se puede tener suficiente riqueza. Pero podemos usarla de la mejor manera donándola a personas que pasan por dificultades y sufren una falta grave de recursos.

Cuando vamos de peregrinación, llevamos dinero para darlo como limosna. Reservamos unas monedas con ese fin y prestamos atención a no dar a nadie más de cinco rupias. El objetivo de dar es reducir nuestro egoísmo. Pero somos avaros incluso a la hora de dar. Por muy ricos que seamos, nuestra riqueza no se quedará con nosotros para siempre. Debemos ayudar todo lo que podamos a quienes sufren. La verdadera riqueza es la que ayuda a los demás.

Antes de dar, debemos saber a quién le estamos dando y qué necesita. Podemos dar comida y ropa, pero no dinero, a las personas que no conozcamos. Si les damos dinero, podrían gastarlo en alcohol y drogas. Al darles dinero les estamos dando la oportunidad de obrar mal.

Hay que dar con generosidad a quienes carecen de medios para trabajar, a los huérfanos, a los ancianos sin recursos y a los enfermos que no tengan dinero para comprar sus medicinas. Hacerlo es nuestro dharma, nuestro deber. Pero debemos tener cuidado de que nuestro objetivo no sea el reconocimiento y la fama.

Los residentes de una residencia de ancianos y algunos invitados disfrutaban de los programas culturales que se estaban realizando por el aniversario del centro. De repente, un hombre entró en la sala donde se celebraba la función y apagó todos los ventiladores. Era un prominente hombre de negocios de la ciudad. Uno de los residentes le preguntó:

—¿Por qué has apagado los ventiladores? El calor es insoportable.

El empresario dijo:

—Yo soy el que ha donado todos los ventiladores a esta residencia. Mi nombre está impreso en ellos. Pero, si los ventiladores están girando todo el tiempo, nadie podrá verlo. Los he apagado para que quienes asisten a la función sepan que los he donado yo.

Esa donación no puede llamarse en absoluto «dar». La actitud del hombre de negocios podría incluso hacerle perder el mérito espiritual que obtuvo por su donación.

La actitud de la persona que da es sumamente importante. Cuando una persona rica dona algo para conseguir fama o por algún otro motivo egoísta de su mente, la donación se degrada convirtiéndose en una mera transacción comercial. Sin embargo, cuando se da viendo a Dios en los demás, con un coste para uno mismo y sin esperar nada a cambio, los resultados de ese dar son verdaderamente grandes.

34. La cabeza y el corazón

Hijos, los maestros espirituales suelen darle más importancia al corazón que a la cabeza. Por supuesto, la inteligencia es necesaria; Amma nunca dirá lo contrario. En realidad, la cabeza y el corazón no son dos. Si tenemos un intelecto capaz de discernir, la mente se expande de forma natural. De la expansión nacen la inocencia, la capacidad de ceder, la humildad y una actitud de cooperación mutua. El corazón es sinónimo de expansión.

Sin embargo, en nuestros días, la inteligencia suele estar dañada. El egoísmo y la soberbia gobiernan el pensamiento, y esa es la causa de todos los pesares de la vida. La mente se estrecha y estamos menos dispuestos a hacer concesiones cuando crece la soberbia. Se requiere una mente expansiva y con capacidad de adaptación tanto en la vida mundana como en la espiritual.

Imaginad que un hombre estableciera ciertas leyes en su casa: su mujer tendría que vivir, hablar y comportarse de una determinada manera solo por ser su esposa. Si él insistiera en que ella cumpliera esas reglas, ¿habría paz en esa casa? No. Imaginad que él no les dijera ni una sola palabra a su mujer y a sus hijos cuando volviera del trabajo. Si en casa siguiera comportándose como un ejecutivo, yéndose a la habitación a revisar sus papeles, ¿qué pensarían los miembros de su familia? Si se justificase diciendo que él es así, ¿podrían aceptarlo? No. Si, por el contrario, hablara amablemente con su esposa y pasara tiempo con sus hijos, todos estarían contentos. Habría paz en el hogar. Esa actitud es a lo que nos referimos cuando hablamos del corazón.

Actualmente, nuestra característica más dominante es el egoísmo, que ha arrinconado el discernimiento. Esa carencia se está notando en la vida. A la sociedad le cuesta disfrutar de la paz y el progreso si no posee la actitud de hacer concesiones mutuamente. Igual que una máquina necesita ser engrasada regularmente para evitar que se oxide, debemos ser humildes y estar dispuestos a hacer concesiones para facilitar el viaje de la vida. Hay veces en que tenemos que usar la inteligencia, pero hay que hacerlo con discernimiento. Igualmente, hay que darle al corazón la importancia debida siempre que la situación lo requiera.

La humildad y una actitud de cooperación crecen en nosotros cuando le damos la importancia debida al corazón. La paz y el contento florecen. La amplitud de miras también es la meta de la espiritualidad, porque solo una persona con una mente amplia puede conocer a Dios. El Yo Supremo está más allá del alcance de la lógica y la inteligencia. Es una experiencia subjetiva. Si queremos saborear la dulzura de ese Yo, debemos cultivar las cualidades del corazón más que las de la cabeza.

35. La venganza

Hijos, los desastres sacuden inesperadamente la vida de muchos de nosotros. La muerte repentina de un ser querido o pérdidas económicas que parecen insoportables pueden hacernos perder el equilibrio mental. Podríamos sentirnos abrumados por el dolor y la decepción. Si hubiera alguien responsable de ese sufrimiento, podríamos sentir una intensa cólera contra esa persona. Esa ira podría producir un intenso deseo de venganza. Sin embargo, podemos conseguir que la mente vuelva al camino correcto, si prestamos atención y no actuamos sin discernimiento. Hay que calmar la mente inmediatamente para lograrlo. Solo una mente en calma puede pensar con claridad. Las emociones fuertes y sin control afectan al discernimiento y dañan la memoria. En consecuencia, en lugar de reaccionar impulsivamente, primero debemos calmar la mente, de manera que podamos pensar con claridad y determinar las causas del desastre que nos ha sobrevenido.

Amma recuerda una historia. Un conductor borracho atropelló a un joven y lo mató. La madre del joven no podía soportar el dolor que le causaba la muerte prematura de su hijo. Durante muchos días estuvo perdida en los recuerdos de su querido hijo. Se sentía abrumada por el dolor, que lentamente se transformó en deseo de venganza. Decidió matar al conductor y vengar así la muerte de su hijo. Pero otro pensamiento llegó cuando su mente se calmó: «Si lo mato, ¿volverá a vivir mi hijo? No. No solo eso: he sufrido una angustia insoportable por la muerte de mi hijo. Si mato a ese hombre, su madre y sus seres queridos sufrirán igual que yo. ¿Por qué van a tener que sufrir por mi culpa? Nadie debe sufrir la desgracia que he padecido». Siguió reflexionando: «El coche atropelló a mi hijo porque su conductor estaba borracho. Si ese hombre no hubiera estado borracho, esto no habría sucedido. Por tanto, la verdadera causa de esta tragedia es el alcohol. Esta clase de accidentes podrían disminuir si inicio una campaña para aumentar la conciencia sobre los peligros de conducir bebido».

Pidió ayuda a algunos amigos para concienciar a la gente sobre los peligros del alcoholismo. Dedicó el resto de su vida a realizar este esfuerzo. Su dedicación sincera llevó a la creación de una gran organización para la recuperación de los adictos.

Si hubiera matado al hombre que había atropellado a su hijo, ¡cuánto sufrimiento se hubiera causado a sí misma! No solo eso, sino que nadie se habría beneficiado en absoluto de ese acto de venganza. Cuando comprendió la verdadera causa de la muerte de su hijo, fue capaz de canalizar su cólera hacia un buen objetivo. Ello le benefició tanto a sí misma como a la sociedad.

No solemos tratar de descubrir la verdadera causa de nuestros problemas. Por eso no se acaban nunca. Si buscamos con calma sus verdaderas causas, como hizo la madre de esta historia, podremos canalizar nuestra ira y nuestro deseo de venganza por una vía que beneficie a la sociedad. Si nos esforzamos por descubrir con calma las razones que sustentan nuestros problemas en lugar de reaccionar impulsivamente, seremos capaces de hacer mucho bien en el mundo.

36. Ira y venganza

Hijos, escuchamos historias sobre ira y venganza por todas partes. Podemos verlo en todas las esferas de la sociedad: en poemas, cuentos y novelas. La mayor parte de las películas y las series de televisión giran en torno a esos temas. Amma cree que ha llegado incluso a los dibujos animados. Cuando los personajes de los dibujos luchan contra el mal, sus acciones suelen ser violentas y crueles. Como consecuencia de ello, la idea de que la violencia y la crueldad son modos aceptables de combatir el mal crece en la mente de los niños pequeños. A Amma no le gusta esta tendencia.

Debemos buscar la causa del odio y la ira. Sentimos ira contra alguien cuando no se comporta según nuestras expectativas. Cuando esperamos amor de alguien, pero no lo recibimos, sentimos ira contra esa persona. Y, a la inversa, nos sentimos felices cuando alguien nos respeta o nos sonríe. Por la misma lógica, todas las personas quieren ser amadas y respetadas por los demás. Hay que entenderlo y estar dispuestos a amar y respetar a todos y todas.

Viendo a su hija pequeña llorar desconsoladamente, la madre le dio un juguete, que la distrajo durante un rato. Poco después, la niña volvió a llorar con energía. Si la madre le diera otro juguete, la niña podría dejar de llorar un ratito. Pero, en realidad, la niña no lloraba porque quisiera juguetes; tenía hambre y lloraba pidiendo leche. Las lágrimas y la angustia de la niña solo terminarán cuando la madre descubra la razón de sus lágrimas y le dé de comer. Igualmente, debemos encontrar en nuestro interior las causas de la ira y el odio en lugar de buscar la paz y el gozo temporales.

Amma recuerda la historia de un devoto que fue de peregrinación para poner fin a su dolor y su tristeza. Viajó muchos días y soportó grandes penalidades hasta llegar a un lugar sagrado que estaba atestado de devotos. Mientras todos rezaban en silencio ante el santuario, alguien le pisó sin querer. Incapaz de controlar su ira, el hombre se olvidó de dónde estaba y le gritó furiosamente al devoto que le había pisado involuntariamente. No solo perdió su propia paz mental, sino que también destruyó la paz y la tranquilidad que llenaban ese lugar santo, interrumpiendo groseramente las concentradas oraciones de tantas personas. Hijos, no os comportéis nunca así. El objetivo del japa (recitación del mantra), la oración y las peregrinaciones es despertar buenas cualidades como la paciencia y el equilibrio. Solo con esas cualidades podemos experimentar paz y gozo verdaderos.

El odio y el deseo de venganza hizo que Rāvaṇa y Duryōdhana no solo se destruyeran a sí mismos, sino también a su clan y su país. No olvidéis nunca que los que guardan rencor no solo destruyen a los demás sino también a sí mismos. Que la bondad resplandezca en mis hijos.

37. Enfadarse

Hijos, una de las principales razones que provocan la ruptura de relaciones es una ira descontrolada. Solemos enfadarnos por asuntos triviales. Si ejercemos un poco de autocontrol, podemos evitar muchos problemas causados por la cólera. A veces, por un malentendido, perdemos los estribos incluso con personas inocentes. Aunque les pidamos perdón muchas veces después, tras haber comprendido nuestro error, su corazón herido nunca nos perdonará por completo. Por eso, hay que aprender a controlar el genio. Si algo nos enfada, debemos practicar la paciencia en lugar de reaccionar impulsivamente. Poco a poco, seremos capaces de vencer el hábito de perder los estribos.

Una mujer le dijo a su amiga:

—Todos los días, cuando mi marido vuelve del trabajo, nos ponemos a discutir. ¿Hay alguna manera de evitarlo?

La amiga le dijo:

—No te preocupes. Tengo justo la medicina adecuada. En cuanto tu marido empiece a hablar con ira, toma una cucharada de esta medicina. No te la tragues. Déjatela dentro de la boca.

Tras contarle aquello, la amiga le dio la botella con la medicina.

Aquella tarde, en cuanto el marido se enfadó, la mujer se metió la medicina dentro de la boca. Al cabo de un rato, el marido se calmó. Lo mismo sucedió los dos días siguientes. La mujer estaba asombrada. Al día siguiente se lo contó a su amiga:

—Tu medicina es realmente eficaz. Llevamos tres días sin discutir. Por favor, dime cuál es la receta de esta medicina para que pueda hacerla yo misma.

Pasaron seis meses. Ya no hubo más discusiones en la casa, que ahora estaba llena de amor y de paz. Un día la amiga le dijo:

—Ahora te voy a contar el secreto de la medicina. No tiene ingredientes especiales. De hecho, no es más que agua. Cuando la tenías en la boca no podías hablar y la mente de tu marido se calmaba. A tu mente también le daba tiempo a calmarse. Eso es todo.

Esta historia deja claro que la vida se volverá pacífica y feliz, si estamos dispuestos a aguantar un poco.

Cuando estemos enfadados, debemos abstenernos de decir las palabras que nos vengan a la mente. También debemos abstenernos de actuar conforme a las decisiones que tomemos entonces. La ira es como una herida abierta en la mente. Primero tenemos que intentar sanar la herida.

La paciencia y el discernimiento son los únicos antídotos contra la ira. Cuando reflexionamos sobre cada asunto, adquirimos la capacidad de percibir nuestros propios defectos. Vemos nuestros pensamientos reflejados con claridad, como en un espejo limpio. Entendemos la mezquindad de la ira y comprendemos la grandeza del perdón.

38. Guerra y conflicto

Hijos, muchas grandes almas han trabajado incansablemente por la paz del mundo y muchas siguen haciéndolo en la actualidad. Sin embargo, no vemos demasiado cambio en el mundo. La guerra, el conflicto, la pobreza y el hambre siguen existiendo en nuestros días. Muchos se preguntan si hay una solución duradera ante estos problemas.

La guerra y el conflicto que vemos en el mundo actual son expresiones exteriores de los conflictos interiores que causan estragos en la mente humana. La mente debe convertirse en nuestra obediente servidora; pero en la actualidad manda sobre nosotros y nos manipula. El odio, la ira y la crueldad de la mente humana son mucho más letales que todos los explosivos del mundo exterior. Si no expulsamos estas emociones tóxicas, la guerra y el conflicto seguirán venciendo en el mundo.

Una vez, un ruiseñor estaba posado en un árbol cantando dulcemente. Un cazador atrapó al pájaro y quería matarlo. El ave miró tristemente al cazador a los ojos y le suplicó:

—Por favor, no me mates. Déjame irme.

La lastimera súplica del ruiseñor conmovió al cazador. En ese momento, se dio cuenta de la gran diferencia entre el ruiseñor, que volaba alegremente y gorjeaba con dulzura, y su propia vida abyecta y cruel. Le dijo al ruiseñor:

—Te soltaré con una condición: tienes que contarme el secreto de tu alegría.

El ruiseñor dijo:

—Me das miedo. Primero, déjame irme y después te diré el secreto de mi alegría.

El cazador soltó al pájaro. Mientras el ruiseñor se alejaba volando, dijo:

—El mal que hay en ti es la causa de todo ese dolor y sufrimiento. Tu corazón está completamente oscurecido por la crueldad, mientras que nosotros nunca hacemos daño a nadie. La bondad que hay en nuestro corazón es la razón de nuestro gozo.

Las palabras del ruiseñor le abrieron los ojos al cazador, que abandonó el sendero de la crueldad y emprendió un nuevo camino en la vida.

Nuestro corazón debe derretirse de compasión cuando vemos el dolor y el sufrimiento de los demás. La compasión del corazón debe reflejarse en nuestras acciones. La compasión es la respuesta a todos los problemas del mundo en una sola palabra. Si tuviéramos que responder en dos palabras, serían amor y compasión. La respuesta en tres sería amor, compasión y paciencia. La guerra y el conflicto solo terminarán cuando las mentes individuales se llenen de compasión.

39. La crítica

Hijos, es natural sentir pena, ira y desesperación cuando nos critican; pero esas respuestas nos quitan energía. Sin embargo, si no permitimos que las emociones nos esclavicen y, por el contrario, alimentamos nuestro discernimiento, seremos capaces de afrontar la crítica con ecuanimidad y aprender de ella. De ese modo, podremos progresar y tener éxito en la vida.

No es fácil darnos cuenta de nuestros errores y defectos. Por tanto, tenemos que considerar que nuestros críticos son nuestros mejores maestros porque nos ayudan a darnos cuenta de nuestras limitaciones. Quienes nos alaban no son capaces de hacerlo. Pero debemos examinarnos cuando otras personas nos critican o dicen que no les gustamos: «¿Por qué me critican? ¿He hecho algo mal que haya provocado esa crítica?». De ese modo, podemos convertir las críticas y las acusaciones en pasos en nuestro crecimiento.

Un niño se siente avergonzado y molesto si sus amigos le dicen que tiene una mancha en la ropa. Puede incluso experimentar resentimiento. Pero, si alguien le dice a un adulto que tiene una mancha en la ropa, la persona no sentirá el menor resentimiento, solo gratitud. Tampoco se sentirá avergonzado porque no verá la mancha como un defecto personal. Pero un niño no tiene ese discernimiento. Por eso, esas situaciones le perturban y le hacen sentirse mal.

Sin embargo, un adulto se sentirá naturalmente molesto y reaccionará con ira si critican su conducta o sus acciones. No mostrará el mismo desapego que cuando le señalan la mancha en la ropa porque se identifica con su comportamiento y sus acciones. Es incapaz de verlos desapasionadamente, como un testigo. Si puede hacerlo, será capaz de aceptar cualquier crítica o acusación con calma, y corregirse si llevan razón. Si va un paso más allá, dará incluso las gracias a quienes le han criticado. Y si las críticas y las acusaciones carecen de fundamento, las desechará con una sonrisa.

Igual que el tallo de un loto extrae todos los nutrientes que necesita del barro en el que está enraizado y crea con ellos flores bellas y fragantes, tenemos que aprender a extraer conciencia y energía del lodo de la crítica. Si podemos hacerlo, la planta de nuestra vida producirá las flores de la paz y la felicidad.

40. La espiritualidad y la pobreza

Hijos, algunos dicen que la razón de que haya pobreza en Bhārat (India) es su cultura espiritual. Pero la espiritualidad no es un obstáculo para obtener riqueza o progresar materialmente. Al contrario, la espiritualidad fomenta incluso el progreso material. Obtener riqueza se ha aceptado desde hace mucho como uno de los objetivos de la vida, junto con el dharma (vivir rectamente) y mōkṣha (la liberación espiritual). Sin embargo, debemos tener cuidado y no acumular riqueza de manera que no sea ética o por razones egoístas.

Hace mucho la gente de la India estaba imbuida de espiritualidad. Por eso mismo, también era próspera materialmente. Pero poco a poco algunas personas empezaron a volverse más codiciosas. Empezaron a competir entre ellas por la riqueza, el poder y la posición. Su orgullo y su envidia les hicieron abandonar el dharma y que se olvidaran de Dios. La discordia se intensificó, afectando negativamente la unidad y la fuerza del país, y ello llevó a su vez a la conquista por poderes coloniales que gobernaron la India durante muchos siglos. Saquearon los bienes del país y lo dejaron completamente desprovisto de riqueza. ¡Qué difícil es sembrar una semilla en un desierto y alimentarla hasta que germine y se convierta en una plantita sana! Ese es el estado de este país. Debemos trabajar duro para que vuelva a ser exuberante y verde.

Lamentablemente, no hemos aprendido de esas amargas experiencias. La mayoría de la gente está centrada en la ganancia personal en lugar del desarrollo nacional. No se dan cuenta de que la verdadera prosperidad material solo puede conseguirse abrazando la espiritualidad. Si seguimos así, olvidando nuestra herencia, sufriremos intensamente.

La naturaleza ha previsto lo suficiente para el desarrollo sostenible del país. Si utilizamos adecuadamente nuestros recursos, aquí no habrá pobreza. Pero, tras la independencia de la India, no hemos aprovechado correctamente nuestros recursos naturales. Mientras otros países están convirtiendo desiertos en granjas, aquí estamos transformando nuestros fértiles campos en vertederos. El desarrollo rural todavía no es una prioridad. Los jóvenes con estudios deberían ir a las aldeas a dar a conocer a los aldeanos los proyectos gubernamentales que los apoyan para que ello suceda. Tendrían que motivar a la gente de forma que consideren que el país es su hogar. Deberían inspirar a la gente a usar las granjas para actividades agrícolas. Y también tienen que compartir con ellos nuestra cultura espiritual.

La espiritualidad nos enseña a dar a la sociedad más de lo que recibimos de ella. Cuando asimilamos los principios espirituales, nos volvemos más considerados con los demás. Empezamos a verlos como a nosotros mismos y a estar dispuestos a compartir con ellos todos los recursos que tengamos. Los antiguos sabios aconsejaban ganar dinero con cien manos y compartirlo con mil. Si asimilamos ese mensaje, el futuro de la India será glorioso.

41. La transformación

Hijos, no hay nadie que no anhele el cambio. Todos quieren superar sus defectos físicos y mentales y liberarse de las emociones y los hábitos negativos; pero la mayoría de nosotros no tenemos una idea clara de cómo cambiar.

Es difícil cambiar de naturaleza. Por eso, solemos cambiar solo de conducta, no de carácter. En lugar de eliminar el ego, muchos lo ocultamos hábilmente y nos ponemos la máscara de la humildad. Reprimimos o escondemos emociones como la ira, la envidia y el odio. Sin embargo, al reprimir una emoción no podemos ni mantenerla a raya ni evitar que vuelva a surgir.

Una vez, unos sinvergüenzas esparcieron espinas afiladas por el patio delantero de dos vecinos. Al verlas por la mañana, uno de los vecinos las cubrió con una capa de tierra y afrontó así el problema. El segundo vecino recogió pacientemente cada una de las espinas, las tiró a una hoguera y las redujo a cenizas. Ambos habían resuelto el problema. Pero, ¿qué pasará cuando llueva? El patio del primer hombre volverá a estar lleno de espinas. No solo eso: tendrá que trabajar el doble que el segundo para retirarlas todas. Lo mismo sucede con las emociones negativas. Aunque logremos reprimirlas temporalmente, no significa que las hayamos erradicado para siempre.

En lugar de reprimir u ocultar las tendencias negativas, hay que enfrentarse a ellas con las armas de la atención y el discernimiento. En primer lugar, hay que adoptar la firme resolución de no dejarse esclavizar nunca más por esas emociones y pensamientos. Cada vez que surjan, debemos darnos cuenta y apartar la mente de ellos. Después, tenemos que descubrir por qué surgen y esforzarnos por eliminar las causas.

La razón principal por la que actuamos conforme a nuestras vāsanās (tendencias latentes) es nuestra falta de vigilancia. Si el vigilante que guarda la casa por la noche se mantiene despierto y alerta y lleva una linterna encendida mientras patrulla, ningún ladrón podrá entrar en la casa. Una persona que adopte la firme resolución de no rendirse ante ningún defecto y que observe todos y cada uno de los pensamientos que surjan en su mente percibirá todos los pensamientos negativos que aparezcan en esa mente vigilante y los controlará.

Ningún mal hábito puede eliminarse de golpe. Sin embargo, un esfuerzo constante y una fuerte determinación nos llevarán a la victoria. Así podremos transformar completamente nuestra vida.

42. La meditación

Hijos, el verdadero conocimiento es aprender a concentrar la mente. Es posible por medio de la meditación.

La meditación ayuda a reducir el estrés y alivia la ansiedad. Con la meditación podemos disfrutar de dicha y paz mental. La meditación aumenta nuestra belleza, longevidad, fuerza, salud, inteligencia y energía.

Primero hay que aprender a meditar adecuadamente en soledad. No hace falta creer en Dios para meditar. Hay muchas técnicas de meditación. Durante la meditación, podemos enfocar la mente en cualquier parte del cuerpo, o concentrarnos en un punto, o podemos imaginar que nos volvemos uno con lo infinito. Si nos gusta mirar la llama de una vela, podemos hacerlo. Podemos encender una vela o una lámpara de aceite en una habitación oscura y observar la llama durante un largo rato. La llama no debe vacilar. También podemos visualizar la llama en el corazón o en la zona del entrecejo. Podemos concentrarnos en el resplandor interior que surge mientras miramos la lámpara. A los que les gusta meditar en una forma pueden imaginar a su iṣhṭa-dēvatā (forma preferida de la Divinidad) de pie en medio de la llama. Pero es mejor visualizar a la iṣhṭa-dēvatā de pie entre las llamas de un fuego sacrificial porque entonces podemos imaginar que ofrecemos nuestra envidia, nuestro ego y otras negatividades en el brillante fuego del sacrificio.

A los principiantes les resultará más fácil meditar en una forma que meditar en lo que no tiene forma. Meditar en la iṣhṭa-dēvatā ayuda a la mente a enfocarse en él o ella. Las cualidades sáttvicas[9] de la iṣhṭa-dēvatā también crecerán en nosotros. Coloca una pequeña imagen de tu deidad favorita delante de ti. Siéntate y contempla la imagen durante un rato. Después, cierra los ojos e intenta visualizar esa forma claramente en la mente. Cuando la claridad de la forma se difumine, abre los ojos y mira otra vez la imagen. Vuelve a cerrar los ojos e imagina que estás hablando con tu iṣhṭa-dēvatā. Abraza mentalmente a la iṣhṭa-dēvatā y suplícale: «Por favor, no me dejes». Si meditamos constantemente así prestando atención, la forma de la iṣhṭa-dēvatā surgirá claramente en el corazón.

La mente tiene una naturaleza errante. Por eso, la meditación es como hundir madera hueca en el agua: cuando la soltamos, sube inmediatamente a la superficie. La mente es igual. Por eso, en las etapas iniciales de la meditación podríamos tener que aplicar alguna presión a la mente para hacerla meditar. Pero, cuando empezamos a disfrutar de la meditación, ya no hace falta forzar más la mente. La meditación se vuelve gozosa.

Si practicamos regularmente la meditación, la mente se va calmando poco a poco hasta que se vuelve clara como el cristal. El Yo Supremo brilla en una mente en calma como el reflejo del Sol en un lago inmóvil.

[9] Sattva es uno de los tres guṇas (atributos o modos de la existencia), además de rajas y tamas. Sattva está relacionado con la armonía, la bondad, la verdad y la serenidad.

43. Las concepciones de la Divinidad

Hijos, algunas personas critican el culto a Gaṇapati, que tiene cabeza de elefante, y a Hanumān, que tiene cuerpo de mono, diciendo que son primitivos. A primera vista, esa crítica puede parecer válida. Sin embargo, si estudiamos el asunto con más profundidad, llegaremos a comprender los elevados principios, ideales y metas que supone rendir culto a esas formas.

Amma ha visto cuadros en las paredes de muchas casas occidentales. Una vez, Amma vio un cuadro que una persona común no entendería: unas cuantas pinceladas de cuatro o cinco colores. Era como si alguien hubiera metido una escoba en un bote de pintura y hubiera frotado el lienzo con ella. Pero esa pintura valía medio millón de dólares. Se había contratado a vigilantes para protegerla y se habían instalado cámaras de seguridad. Aunque nosotros no entendíamos la pintura, sus propietarios podían hablar durante horas sobre ella. Nadie considera que ese pintor sea tonto. Al contrario, se le aclama como un gran artista. Nadie les pregunta a los propietarios del cuadro por qué han pagado ese precio exorbitante por ese lienzo cuando hay tanta gente que se muere de hambre. El valor de la pintura no disminuye solo porque la gente corriente no pueda entender lo que significa. Igualmente, solo cuando podemos comprender los principios sobre los que se basan las deidades de la religión hindú logramos apreciar su grandeza.

La verdadera riqueza de Bhārat (India) está en su cultura; pero no nos esforzamos por entenderla. Nuestra fe se limita a los rituales y las fiestas tradicionales; sin embargo, esa fe es tan endeble que la perdemos en cuanto alguien la critica, aunque solo sea un poco. Por eso, debemos esforzarnos por entender la base científica de nuestra cultura.

En el sanātana dharma, Dios es la conciencia omnipenetrante que hay tras los atributos, los nombres y las formas. Sin embargo, puede adoptar cualquier forma para bendecir a los devotos. Igual que el viento puede flotar como una suave brisa, soplar como una racha fuerte o incluso golpear duramente como un huracán, el Dios Todopoderoso, que controla el viento, puede adoptar ilimitados bhāvas (estados divinos). Por eso, adoramos al Dios único bajo distintas formas como Viṣhṇu, Śhiva, Gaṇapati, Hanumān, Durgā y Saraswatī.

Las distintas cualidades de Dios se manifiestan en las diversas deidades. Hanumān representa el principio de someter la inquieta mente de mono. El praṇava («Ōm») es el sonido primordial. Por eso, Gaṇapati, que tiene la forma del praṇava, merece ser adorado en primer lugar. Del mismo modo, hay significados sutiles en la forma de todas las deidades. Adoremos la forma de la Divinidad que adoremos, finalmente acabaremos llegando a la Verdad Suprema sin forma.

44. La práctica del japa

Hijos, cómo controlar la mente y concentrarla es un problema que persigue a la mayoría de las personas. Basta con cerrar los ojos para ver lo inquieta que está la mente. Incluso rezando en el templo, estaremos pensando en las tareas que tenemos pendientes al llegar a casa. El mantra-japa, la recitación repetida del mantra, es el proceso por el cual la mente inquieta puede ligarse a un único pensamiento. Recitando constantemente cualquier nombre o mantra se reduce la desconcertante variedad de pensamientos y la mente se concentra más.

«Prohibido fijar carteles»: solamente con esas tres palabras podemos asegurarnos de que la pared no quede cubierta de anuncios o avisos. Del mismo modo, con un único pensamiento, el mantra, podemos detener los vagabundeos de la mente. Reducir los pensamientos es bueno para la salud y aumenta la duración de la vida.

Quizás nos preguntemos: «¿No aparecerán pensamientos aunque estemos recitando el mantra?». Aunque surjan otros pensamientos en ese momento, no serán demasiado dañinos. Un pensamiento es como un niño. Cuando el niño está dormido, la madre puede trabajar sin molestias. Pero cuando el niño se despierta y se pone a llorar, le resultará difícil terminar sus tareas. Igualmente, los pensamientos que surgen mientras recitamos no son peligrosos. No provocan problemas.

Es mejor empezar a recitar cuando el guru nos ha iniciado en un mantra. Para hacer yogur, echamos un poco de yogur a la leche. Del mismo modo, el guru tiene que darnos un mantra para obtener todos los beneficios de la recitación. Sin embargo, no hace falta esperar para practicar japa. Podemos empezar a practicarlo recitando un nombre divino o un mantra que nos guste. Por ejemplo, podemos recitar «Ōm namaḥ śhivāya», «Ōm namō nārāyaṇāya», «Ōm paraśhaktyai namaḥ» o cualquier otro mantra. A los que les gusta el nombre de Cristo, Alá o Buda pueden recitar ese nombre.

Al recitar, podemos concentrarnos en la forma de nuestra deidad amada o en el sonido del mantra. En cada repetición del mantra, podemos imaginar que estamos ofreciendo una flor a los pies de nuestra deidad amada. O podemos concentrarnos en cada sílaba del mantra. Sea cual sea la técnica que adoptemos, lo importante es que no dejemos vagar la mente. Debemos dirigirla al recuerdo de Dios.

Podemos hacer japa en cualquier momento. Podemos recitar mientras estamos sentados sin hacer nada, caminando o viajando. Esos son momentos ideales para practicar japa. Solo cuando el japa se vuelva habitual, la multitud incontrolada de pensamientos remitirá. Ten un rosario o mālā contigo en todo momento. Úsalo para realizar un determinado número de repeticiones del mantra cada día. Hacerlo así nos ayudará a fomentar el hábito de recitar.

Inicialmente, no hay que recitar durante largos períodos de tiempo ya que ello podría provocar problemas físicos y mentales. Al principio, haz japa durante un breve período, y después, poco a poco, aumenta el japa hasta que se vuelva un hábito. Después, la mente lo recitará continuamente sin ningún esfuerzo.

Algunas personas recitan un mantra unos pocos días. Después, pensando que no es lo bastante potente, empiezan a recitar otro mantra «más poderoso». Cambiar periódicamente de mantra no ayuda. Sea cual sea el mantra, la recitación regular y disciplinada irá aquietando la mente. Por eso, hay que persistir con el mismo mantra.

Como cualquiera puede practicar fácilmente japa, la mayor parte de las religiones lo reconocen como una sādhanā (práctica espiritual). La práctica disciplinada de japa da paz y concentración mental. Nos ayuda a realizar nuestras actividades diarias con mayor destreza y eficacia.

45. El sacrificio

Hijos, el objetivo de la vida es experimentar la paz y la libertad eterna. Cuando esa comprensión echa raíces profundas en la mente, el deseo de objetos mundanos desaparece. Pero no podemos llamarlo un sacrificio. El sacrificio solo se vuelve completo cuando abandonamos la actitud de «yo» y «lo mío». Más que las cosas a las que renunciamos, lo importante es la actitud con que se realiza esa renuncia.

Si nuestra hija enferma, la llevamos al hospital. Si no podemos encontrar ningún vehículo que nos lleve, caminaremos hasta el hospital con la niña, aunque esté lejos. En el hospital suplicaremos a todas las personas que haga falta para que la ingresen. Si no hay habitaciones individuales, iremos a la galería general y nos tumbaremos en el suelo con la niña. Pediremos días de permiso en el trabajo para cuidar a nuestra hija hasta que se ponga bien. Pero todas estas dificultades que afrontamos por nuestra hija no pueden considerarse actos de renuncia. Estamos dispuestos a ir a juicio todas las veces que haga falta para ganar cuarenta metros cuadrados de terreno. Lo hacemos por la propiedad del terreno. Podemos dejar de dormir para trabajar más tiempo y ganar más dinero. Ninguno de esos actos es renuncia. Sacrificar nuestros placeres y comodidades para ayudar a otra persona sí que es una renuncia. Trabajar duro, soportar penalidades y emplear el dinero obtenido para ayudar a una persona sin recursos es renuncia. Cuando la hija de los vecinos enferma y estamos dispuestos a quedarnos con ella en el hospital sin esperar nada a cambio, ni siquiera una sonrisa, sí que podemos llamarlo renuncia.

Las acciones que se realizan sin la actitud de «yo» y «lo mío» por el bien del mundo y como ofrenda a Dios son los ejemplos más elevados de renuncia. Esos actos de sacrificio abren las puertas al Yo Supremo. Solo esas acciones pueden llamarse karma-yōga. Por el contrario, el abandono de cualquier cosa con una actitud de «yo» y «lo mío» no merece llamarse sacrificio.

Había una vez un hombre rico que quería hacerse sannyāsī (monje ordenado). Donó toda su riqueza a muchas causas benéficas que ayudaban a la gente. Después se hizo sannyāsī, fue a la cima de una montaña, se construyó allí una cabañita y se quedó a vivir en ella. Al enterarse de que había un sannyāsī en lo alto de la montaña, muchas personas fueron a verlo. A todos ellos solo les decía una cosa:

—¿Sabéis quién soy? ¿Sabéis lo rico que era? Soy quien donó el dinero para construir la enorme escuela que podéis ver desde aquí. También fui el que dio el dinero para construir el hospital que hay junto a la escuela. El templo que veis también fue construido con dinero que doné.

Aunque había abandonado toda su riqueza para llevar la vida de un monje, todavía retenía el sentido del «yo». ¿Cómo puede considerarse eso renuncia?

Cuando saludamos a un amigo al que no hemos visto desde hace mucho, puede que le regalemos un ramo de flores. Los primeros que disfrutamos de la belleza y la fragancia de las flores somos nosotros. También somos nosotros los que disfrutamos de la satisfacción de dar. Igualmente, obtenemos dicha y satisfacción con el servicio desinteresado, incluso sin darnos cuenta. Si alguien que realiza servicio desinteresado con sinceridad no puede recitar su mantra o meditar por falta de tiempo, no debe preocuparse. Alcanzará la inmortalidad. Su vida de sacrificio beneficiará a todos los demás. La compañía de una persona así es el mayor satsaṅg.

46. La oración y la fe

Muchos devotos le cuentan con tristeza a Amma que incluso tras muchos años de oración siguen sufriendo y viviendo desgracias. La mayor parte de la gente reza por la satisfacción de sus deseos o por miedo: «Señor, concédeme este deseo». O: «Por favor, líbrame de esto». ¿Con esas oraciones no quieren decirle a Dios que saben lo que les conviene? O, en pocas palabras, ¿que se sienten más grandes que Dios? ¿Creen realmente que Dios —que los ha creado tanto a ellos como el mundo, y que los protege— no sabe lo que es bueno y malo? Piensan que rezar significa presentarle a Dios una letanía de lo que les gusta y lo que no. La oración no es una enumeración de nuestros deseos personales.

Eso no significa que no debamos contarle a Dios nuestras penas. Sin duda, podemos desahogarnos. Hacerlo hará que nuestra mente se alivie un poco. Pero es más importante que nos esforcemos por recordar a Dios con amor. Pasad al menos un ratito cada día meditando en Dios, recitando vuestro mantra y cantando bhajans (canciones devocionales). Si vamos a los templos, debe ser para favorecer el recuerdo de Dios.

No penséis que recibiremos la gracia de Dios solo por creer en Él. Debemos actuar según nuestra fe. No nos recuperaremos de una enfermedad solo porque creamos en el médico, ¿verdad? Igualmente, la fe y el esfuerzo deben ir a la par.

Aunque Dios esté dentro de nosotros, no podemos experimentar plenamente su presencia. Pero lo podemos lograr por medio de la devoción. La oración, la meditación y el recuerdo constante vinculan la mente intensamente con Dios. Entonces, seremos capaces de experimentar su presencia siempre.

Una vez, un hombre y su esposa se fueron de crucero. De repente, el cielo se oscureció. Se oyó un trueno y una fuerte lluvia empezó a caer. Un viento intenso movía el barco violentamente. Temiendo por su vida, todos los pasajeros estaban presos del pánico. Solo ese hombre permaneció tranquilo, pese a todo lo que estaba pasando. Pero su esposa se puso a gritar aterrorizada. Trató de calmarla, pero, por mucho que lo intentaba, no lo conseguía. Finalmente, se enfadó. Sacó una pistola de su bolsa, apuntó a su esposa y le dijo:

—Si dices una palabra más, te mato.

Al ver la pistola, la mujer le respondió con indiferencia:

—¿De veras crees que me puedes intimidar?

El marido le preguntó:

—¿No sientes ni un poco de miedo al ver esta pistola?

—Sé que es un arma letal —dijo ella—; pero, mientras esté en tus manos, no tengo miedo. Sé que nunca me harías daño.

El hombre dijo:

—Igualmente, yo sé que este vendaval está controlado por Dios, a quien adoro. Tengo la fe firme de que nunca me haría daño. Por eso soy capaz de afrontar sin temor este grave peligro.

Hijos, en cuanto comprendamos que cualquier amenaza de la vida es obra de Dios, seremos capaces de afrontar cualquier situación sin temor. Eso no quiere decir que tengamos que permanecer ociosos. Debemos hacer lo que haya que hacer; pero, lo que no podamos cambiar, tenemos que aceptarlo como la voluntad de Dios. Si somos capaces de hacerlo, podremos vivir en paz en este mundo.

47. Sonreíd

Hijos, una sonrisa agradable es una expresión exterior de la conciencia divina interior. Donde haya una sonrisa sincera siempre habrá amor, felicidad, compasión y paciencia. Una sonrisa ilumina la vida. Una sonrisa sincera es como una luz que disipa la oscuridad de la tristeza y el desengaño en el corazón de los demás.

Un hombre se encontraba de pie junto a un camino con un aspecto desgraciado. Rechazado por todos, había perdido las ganas de vivir. Una niña que pasaba le sonrió con dulzura. Esa sonrisa le consoló inmensamente. La idea de que, al menos, había una persona en el mundo dispuesta a sonreírle, le revitalizó. Pensó en un amigo que le había ayudado años atrás, cuando había tenido problemas. Enseguida le escribió una carta. Cuando el amigo la recibió, después de no tener noticias suyas desde hacía años, se sintió alborozado. Le dio diez rupias a una persona necesitada, que compró con ellas un boleto de lotería. Y, maravilla de las maravillas, le tocó el premio gordo. Tras cobrar el dinero del premio, vio a un mendigo enfermo tumbado junto al camino y pensó: «Dios me ha bendecido con este dinero. Voy a ayudar al mendigo». Y llevó al mendigo al hospital y le pagó el tratamiento.

Cuando el mendigo se recuperó y le dieron el alta, vio un perrito que se había caído en un charco. El cachorro empapado estaba demasiado débil para caminar. Gemía lastimeramente de frío y de hambre. El mendigo lo abrazó, lo envolvió en su propia ropa y se lo cargó sobre los hombros. Encendió una pequeña hoguera para calentar al tembloroso cachorro y compartió con él su comida. La comida sació al perrito y el fuego lo calentó. Recobrado, empezó a seguir al mendigo. Cuando cayó la noche, el hombre fue a una casa y les preguntó a los dueños si podía dormir allí. Le dejaron pasar la noche en el porche exterior. En mitad de la noche, todos se despertaron por los incesantes y frenéticos ladridos del perro. Vieron que una parte de la casa estaba en llamas; era el cuarto en el que dormía el único hijo de la familia. Los padres rescataron al niño de la habitación y, entre todos, pudieron apagar el fuego antes de que se extendiera más. Darles un sitio para dormir al mendigo y a su cachorro había demostrado ser una bendición para la familia.

Todo empezó con la inocente sonrisa de la niña. Lo único que hizo fue sonreír a un hombre en el camino, pero ¡a cuántas vidas benefició esa sonrisa! Esa sonrisa fue capaz de despertar amor y compasión en el corazón de muchas personas y encender una luz en su vida.

Aunque no podamos ayudar a la gente de una manera grandiosa, debemos tratar de sonreír sinceramente y hablar con cariño a quienes se sienten heridos y solos.

48. Kṛiṣhṇa

Hijos, Kṛiṣhṇa fue una personalidad polifacética. Legó al mundo la Bhagavad-Gītā, restableció el dharma (la rectitud) y fue un astuto estratega político. Pero, ante todo y sobre todo, fue la verdadera personificación del amor, una persona que derramó amor sobre todas y todos.

Un día, un erudito de Dwārakā llegó a Vṛindāvan. Todas las gōpīs (lecheras) se reunieron ansiosamente a su alrededor, impacientes por oír noticias del Señor. El erudito les dijo:

— Kṛiṣhṇa lleva una vida lujosa y feliz en Mathurā. Es una pena que no os llevara con él. Ha colmado de prosperidad a Akrūra y Kuchēla. Bajó del cielo el Kalpavṛikṣha (árbol de los deseos) para Satyabhāmā. ¿No sabe que seguís viviendo en chozas de paja?

Al escuchar aquello, las gōpīs dijeron:

—Estamos encantadas de saber que el Señor vive feliz. Has dicho que vivimos en chozas. Cuando Kṛiṣhṇa era pequeño, sus tiernos pasos bendijeron todas estas chozas y por eso nos parecen más valiosas que un palacio. A nuestros ojos, cada árbol kadamba de Vṛindāvan es un Kalpavṛikṣha. ¡Cuántos recuerdos sagrados siguen dándonos estos árboles! El recuerdo del Señor es la única riqueza que es eterna e indestructible. Lo único que pedimos es que estos recuerdos no nos abandonen nunca. No hay palacio o Kalpavṛikṣha superior a estos recuerdos para nosotras.

Viendo la inocente devoción de las gōpīs, los ojos del erudito se llenaron de lágrimas. Dijo:

—Cuando recibí el darshan del Señor en Dwārakā, le dije: «Señor, mi vida se ha completado hoy». El Señor dijo: «Solo has visto mi cuerpo. Tienes que ir a Vṛindāvan para verme el corazón». Ahora es cuando he entendido el significado de sus palabras. He entendido lo que es la verdadera devoción.

La mente de las gōpīs estaba siempre con Kṛiṣhṇa, incluso en medio de sus responsabilidades familiares. Recitaban su nombre constantemente, ya estuvieran batiendo yogur, moliendo cereales o haciendo cualquier otra cosa. Etiquetaban los recipientes de condimentos como el chile y el cilantro con nombres como «Kṛiṣhṇa» y «Gōvinda». Mientras vendían leche y mantequilla, no preguntaban «¿Queréis leche?», sino que gritaban «¿Queréis a Acyuta?». «¿Queréis a Kēśhava?». Si albergamos un amor inocente, nuestra mente permanecerá en el Señor incluso en medio de nuestras ocupadas vidas mundanas.

Las gōpīs no tenían demasiados estudios ni estaban versadas en las escrituras. Sin embargo, su inocente devoción por Kṛiṣhṇa les dio lo que los yōgis no consiguen obtener después de eras realizando tapas (prácticas ascéticas). Esa es la grandeza de la devoción.

La verdadera devoción es la entrega al Señor, sabiendo que es Él quien brilla en toda la creación y en las diferentes manifestaciones de la Divinidad.

Recordando a Kṛiṣhṇa

Hijos, ¿cuáles son los primeros pensamientos y palabras que nos vienen a la mente cuando pensamos en Kṛiṣhṇa? Es difícil responder. La gente ofrecerá respuestas distintas porque al Señor no se le puede apresar con pensamientos o conceptos. Pero hay algo seguro: su juego divino es dulce, encantador y bello. Al Señor le encantaban las plumas de pavo real, la flauta, la pasta de sándalo y las guirnaldas de tulasī (albahaca). El atractivo de la pluma de pavo real, la dulzura de la melodía que brota de la flauta, la belleza refrescante de la pasta de sándalo y la pureza de la tulasī no se limitaban solo a la forma de Kṛiṣhṇa, sino que también saturaban su actitud y sus acciones.

Los poetas cantan las infinitas glorias de Kṛiṣhṇa. Fue un defensor sin igual del dharma, un astuto estratega político, el expositor de la magnífica Gītā, un adversario invencible... todo ello es cierto. Pero, sobre todo, Kṛiṣhṇa fue la verdadera encarnación del amor. Derramaba amor sobre todos. No solo las gōpīs y los gōpās (vaqueros): todas las criaturas caían bajo el hechizo de su amor. En realidad, el Señor se encarna por los devotos, con el fin de despertar la devoción a Dios en el corazón de la gente.

Se dice que el amor tiene tres fases. La primera es la actitud del faisán. Cuando ve la Luna, se olvida de sí mismo y se queda transfigurado, bebiendo de los plateados rayos de la Luna hasta saciarse. No alberga ningún otro pensamiento en la mente. Del mismo modo, un verdadero devoto permanece completamente absorto en pensamientos sobre Dios.

La segunda fase se puede comparar con el dolor de la separación que siente el cálao. Este pájaro está siempre sediento de agua de lluvia; pero, aunque se le agriete la garganta o se encuentre a punto de morir de sed, no beberá agua de charcos o de pozos. Solo el agua de lluvia puede saciar su sed. Igualmente, un verdadero devoto no deseará en absoluto placeres mundanos y rogará siempre con intenso anhelo llegar a Dios. Esta es una fase en el viaje hacia la devoción perfecta.

La tercera fase del amor, cuyo ejemplo es la polilla, revela el estado de reunión tras la separación. Cuando la polilla ve el fuego, vuela hacia él con un entusiasmo ciego. Se sacrifica y se vuelve una con lo amado. Ya no hay dos entidades distintas. No hay «yo». Sin embargo, el fuego que buscaban las polillas que representaban las gōpīs era el Señor, cuya naturaleza es inmortal. No hay muerte cuando uno se quema en el fuego de la inmortalidad. Uno se vuelve inmortal. Despertad el amor recordando a Dios, alimentadlo en la separación y convertíos en amor logrando la unidad con Él.

El Señor no se fija en la posición del devoto, su prestigio, casta, clan o linaje. Solo se fija en la pureza de su corazón. Por eso las gōpīs de Vṛindāvan llegaron a ser las más amadas por Kṛiṣhṇa. Por eso declinó la recepción real de Duryōdhana y, en su lugar, durmió en el humilde hogar de Vidura. Por eso vio belleza en Kubjā, la fea jorobada.

El Kṛiṣhṇa de Rādhā

Hijos, es difícil describir a Śhrī Kṛiṣhṇa porque trasciende las palabras y la inteligencia. Es la Verdad ante la cual el habla y la mente se retiran tras haber fracasado al intentar describirla o entenderla. Es conocimiento, dicha y amor y, sin embargo, está más allá de todos ellos. Śhrī Kṛiṣhṇa fue una encarnación divina cuya vida iluminó las infinitas glorias del Paramātmā (el Yo Supremo) de maneras incomparables.

Se suele decir que Dios se encarna para proteger el dharma y eliminar el adharma; pero una encarnación divina, en especial Kṛiṣhṇa, tiene un objetivo aún mayor: despertar la devoción en el corazón humano. Un verdadero devoto no anhela ni siquiera mōkṣha (la liberación espiritual). Solo tiene un deseo: recordar al Señor y servirlo. Kṛiṣhṇa alimentó esta forma superior de devoción en las gōpīs. Su forma, palabras, travesuras y acciones las sumergía en la dicha. No hay un poder o una hazaña mayor que el amor. Por eso se dice que el logro más glorioso de Kṛiṣhṇa no fue sostener el monte Gōvardhana sino despertar ese amor en las gōpīs.

Una vez, las gōpīs le preguntaron a Rādhā:

—Rādhā, el Señor, a quien amábamos y a quien considerábamos nuestro para siempre, nos ha abandonado y nos ha dejado huérfanas. Nuestra existencia ya no tiene sentido. ¿Para qué seguir viviendo? ¿Por qué el Señor, que es el amor en persona, se ha comportado tan cruelmente con nosotras?

Rādhā respondió:

—No digáis eso. Al único que podemos llamar nuestro para siempre es al Señor. Pero no es solo nuestro. Pertenece a todo el mundo. Hay muchas personas en este mundo que anhelan ver al Señor y experimentar su amor y cuyo anhelo es mayor que el nuestro.

Se inclinó, juntó las manos, tomó con ellas un poco de agua del Yamunā y dijo:

—Mirad, el agua se queda en mis manos mientras tienen forma de copa; pero, si cierro los dedos para agarrar el agua, pierdo toda la que tenía. Intentábamos apropiarnos del Señor y aprisionarlo en Vṛindāvan. Se alejó para ayudarnos a entender que mora en el corazón de todos los seres. Pero, aunque nos dejó, nunca nos abandonó. Todos sus actos son un juego divino y se han convertido en recuerdos vivos dentro de nosotras. Mientras mantengamos vivos esos recuerdos, el Señor estará con nosotras. Bailará por siempre junto al río del amor en el emparrado de nuestro corazón.

Por su devoción inocente, las gōpīs encontraron rápidamente el Yo Supremo, que los antiguos sabios solo hallaron después de hacer prácticas ascéticas durante eras.

Kṛiṣhṇa vino a este mundo con una sonrisa. También se despidió del mundo con una sonrisa. Por el contrario, nosotros llegamos a este mundo llorando. Que al menos cuando partamos lo hagamos con una sonrisa. Que la imborrable sonrisa de Kṛiṣhṇa sea una inspiración. Que el amor a Kṛiṣhṇa se difunda como radiante luz de luna en el corazón de mis hijos. Que el bebé Kṛiṣhṇa juguetee por siempre en nuestro corazón.

La devoción de las gōpīs

Hijos, bastantes maestros espirituales dicen que, aparte de las cuatro metas de la vida humana —dharma, artha (la riqueza), kāma (el deseo) y mokṣha—, hay una quinta meta: bhakti (la devoción).

El verdadero devoto ni siquiera quiere mōkṣha. Solo tiene una meta: recordar y servir a Dios en todo momento. No quiere nada más. Para él, la bhakti no tiene ninguna otra finalidad. Cuando la devoción es por la propia devoción, el individuo deja de existir y su entrega se vuelve total. Incluso entonces, permanece en su corazón el deseo de saborear la devoción a Dios. De ese modo, saborea constantemente la dicha de la devoción y se convierte en la verdadera encarnación de la dicha.

Una vez, Uddhava le preguntó a Kṛiṣhṇa:

—He oído que, entre todos tus devotos, a las que más quieres es a las gōpīs. Hay muchos otros cuyos ojos también se llenan de lágrimas ante la mera mención de tu nombre. También entran en un estado meditativo en cuanto oyen la melodía de tu flauta. Se olvidan de su entorno en cuanto ven tu bello cuerpo azul, aunque sea de lejos. ¿Qué tienen las gōpīs de especial y que les falta a los demás devotos?

Al oír la pregunta, el Señor sonrió y dijo:

—Yo quiero a todos mis devotos; pero las gōpīs tienen algo especial. Los ojos de mis otros devotos se llenan de lágrimas cuando oyen mi nombre, pero para las gōpīs todos los nombres son mi nombre. Para ellas, todos los sonidos son música que sale de mi flauta. Para sus ojos, todos los colores son azules. Por eso, las gōpīs pueden ver la unidad en la diversidad. Por eso son las más queridas para mí.

Cuando una mujer que ama a su marido como a su propia vida toma un bolígrafo para escribirle una carta, piensa en él. Cuando extiende el papel, su mente solo está ocupada en pensamientos sobre él. Igualmente, cuando un verdadero devoto se prepara para la pūjā (adoración ceremonial) —cuando reúne las bandejas, las barillas de incienso, las tabletas de alcanfor y las flores—, su mente está en Dios. En la devoción más elevada, el devoto contempla al Creador en toda la creación. Por eso las gōpīs no veían nada separado del Señor.

Que el recuerdo de Kṛiṣhṇa y las gōpīs de Vṛindāvan que, olvidándose de todo lo demás, bailaban gozosamente y vivían festivamente, llene nuestro corazón de devoción, alegría y dicha.

El servidor de los devotos

Hijos, el objetivo de todas las encarnaciones divinas es despertar la devoción en el corazón de la gente y, así, purificar su mente. También era lo que Kṛiṣhṇa pretendía hacer con su encantador juego divino.

Una vez, durante la época de Ōnam[10], las gōpīs montaban en el columpio con Kṛiṣhṇa. Al cabo de un rato, el Señor dijo:

—Disfrutemos ahora de la fiesta de Ōnam. Id a casa y traed comida a la orilla del Yamunā.

Al oírlo, las gōpīs se fueron corriendo a casa y llevaron distintos tipos de comida a la orilla del río. Mientras Rādhā se apresuraba hacia el Yamunā con la suya, oyó el sonido de alguien llorando. Era una niña pequeña que lloraba dentro de una cabaña. Le preguntaba a su madre:

—¿Por qué tomamos kañji (gachas de arroz) en casa incluso en Ōnam? No quiero kañji. ¡Quiero arroz!

La madre dijo, con un gesto de impotencia:

—Hija, no me lo pongas difícil. Por favor, cómete el kañji. Tu padre está paralítico. Tengo que atenderle y además cuidarte. He pedido cereales a todos los vecinos, pero no me han dado nada. Mañana, de alguna manera, te cocinaré algo, hija.

[10] La fiesta más grande de Kerala, prácticamente su fiesta nacional. Se celebra en el mes de chingam (agosto – septiembre).

—Eso es lo que dijiste también ayer —dijo la niña, llorando a lágrima viva.

Al oírlo, el corazón de Rādhā se derritió. Abrió en silencio la puerta de la cocina y, sin decir nada, dejó dentro la comida que llevaba. Después se quitó los adornos de oro y los puso junto a la comida. Después, Rādhā tomó la vasija del kañji y se fue caminando a la orilla del Yamunā.

Cuando Rādhā llegó, todas las demás gōpīs ya estaban sentadas alrededor de Krishna. Esperaban ansiosamente ver de quién era la comida que iba a comer el Señor. De repente, fingiendo estar cansado, dijo:

—Estoy febril. Me gustaría beber algo de kañji. Hay un recipiente al lado de Rādhā. Por favor, id a ver lo que hay en esa vasija.

Cuando supo que contenía kañji, el Señor lo bebió con avidez. Las demás miraban, atónitas. Kṛiṣhṇa miró a Rādhā y le sonrió dulcemente. Los ojos de Rādhā se llenaron de lágrimas.

Todas las demás gōpīs habían tomado la misma ruta que Rādhā, pero solo Rādhā había oído los sollozos de la niña. La compasión de Rādhā conmovió al Señor. Es fácil para cualquiera amar al Señor, pero un verdadero devoto es quien sirve a todos viendo a Dios en ellos. El Señor está deseando convertirse en el servidor de un devoto así. Aunque ese devoto solo le ofrezca una hojita, la aceptará como si fuera néctar.

Śhrī Kṛiṣhṇa Jayanti

Hijos, la gente celebra en todo el mundo el Aṣhṭami-rōhinī (el cumpleaños de Kṛiṣhṇa) con gran alegría. Hay muchas lecciones que cualquier persona puede aprender y asimilar de la vida del Señor.

Aṣhṭami-rōhinī es el día en el que Kṛiṣhṇa nació de Vasudēva y Dēvakī, durante el Dwāpara Yuga. Sin embargo, el Señor, que no nace ni muere, sigue viviendo como la Conciencia Pura, que es omnipenetrante. Tiene que nacer en el seno de nuestro amor.

El Señor nació con una sonrisa, vivió con una sonrisa y dejó el cuerpo con una sonrisa. El mensaje que transmite con la Aṣhṭami-rōhinī, su cumpleaños, es que hagamos que nuestra vida sea dichosa con una sonrisa. Nos olvidamos de sonreír o estar felices mientras llevamos las pequeñas cargas de la vida. Intentad contarle un chiste a un hombre que lleve una pesada carga sobre la cabeza. El peso no le permitirá sonreír. Pero mirad a Kṛiṣhṇa. Cargaba con responsabilidades tan pesadas como el Himalaya y, sin embargo, ni una vez se olvidó de sonreír. Era un mahātmā (alma iluminada) que actuaba en muchos ámbitos, y lo hacía con suma destreza. Consideraba por igual todos los deberes; no creía que uno era superior a otro y cumplía todos perfectamente.

Kṛiṣhṇa sufrió la derrota en la guerra. Aceptó la derrota con una sonrisa, y no dudó en hacerlo. La mayoría de las personas no asumen la responsabilidad de sus fracasos, sino que intentan echarle la culpa a los demás. Pero, si triunfan, se atribuyen todo el mérito del éxito. Sin embargo, Kṛiṣhṇa no era así. Era lo bastante audaz para aceptar la responsabilidad de la derrota. Nadie más ha dado ese ejemplo.

No querer aceptar más que el éxito en la vida es una actitud incorrecta. También hay que ser capaz de darle la bienvenida a la derrota. No hay que evaluar la vida según el balance de victorias y derrotas. Lo importante es cómo aceptamos ambas. Eso es lo que nos enseña la vida del Señor.

La mayoría de la gente deja que se le suban a la cabeza incluso sus pequeños puestos, y hasta se olvidan de que son seres mortales. Sin embargo, el Señor, aunque era omnipotente, nunca se envaneció de su fuerza. Cuando la ocasión exigía que se comportara como una persona corriente, se volvía un hombre común entre seres humanos. Era tan paciente como la Tierra.

Pero, cuando no había más remedio, les daba una buena lección a los archisoberbios como Kamsa.

En su vida de incesante acción, Kṛiṣhṇa se puso todas las vestiduras que le exigió la vida y desempeñó perfectamente todos los papeles. Se vistió de rey, súbdito, padre, hijo, hermano, compañero de clase, guerrero, mensajero, Señor de las gōpīs, cochero, el amado de sus devotos y mucho más. Nunca hizo nada a medias. No se quitó las vestiduras hasta haber terminado de desempeñar todos sus papeles.

La vida de Kṛiṣhṇa fue como una brisa fresca que acariciaba suavemente todo y a todos. Viajó por la vida con la misma facilidad con la que se va de una habitación a otra. Derramó felicidad generosamente sobre todos los que entraban en contacto con él. No abandonó el cuerpo mortal hasta haber bendecido incluso al cazador cuya flecha le hirió mortalmente en el pie.

Que el recuerdo de la actitud gozosa ante la vida de esta alma bendita y su destreza en la acción moren en el templo del corazón de todos. Que todos tengamos la fuerza y el valor necesarios para seguir sus sagrados pasos.

49. La Bhagavad-Gītā

Hijos, en la antigüedad se realizaron muchos yajñas (sacrificios rituales) en Kurukṣhētra, donde se libró la guerra del Mahābhārata. En muchos lugares del Mahābhārata se describe la guerra de Kurukṣhētra como un sacrificio. Kurukṣhētra es la tierra del dharma (ley cósmica) y el puṇya (acciones meritorias). El dharma (deber) de un kṣhatriya (guerrero) es hacer la guerra. A Kurukṣhētra también se le llama Dharmakṣhētra (el campo del dharma), ya que allí se realizan acciones virtuosas.

Se supone que allí se luchó en una guerra justa, pero los Kauravas y los Pāṇḍavas solo se atuvieron a las convenciones de la guerra durante tres días. Después, ambos bandos cometieron muchas atrocidades. Cuando crece el desprecio en ambos bandos, la mayor parte de las personas quieren dañar y matar al enemigo. Eso culmina en la guerra. La guerra del Mahābhārata se acabó cuando muchos que dormían murieron quemados por la noche. Se rompió la ley de que no hay que matar a una persona desarmada. Esa es la naturaleza de la guerra: una vez que comienza, se viola todo sentido de adecuación y todas las convenciones legales. Hijos, la guerra nunca es la respuesta a ningún problema. La guerra y el dharma no pueden coexistir nunca. Muchos de los que combatieron en la guerra de Kurukṣhētra abandonaron el dharma durante la batalla.

Dhṛitarāṣhṭra, el rey ciego, contempló los combates de la guerra del Mahābhārata por los ojos de Sañjaya. Gracias al poder de clarividencia que el sabio Vyāsa le concedió, fue capaz de relatarle a

Dhṛitarāṣhṭra cómo se estaba desarrollando la guerra en el lejano Kurukṣhētra. Al comienzo de la guerra, a petición de Arjuna, Kṛiṣhṇa situó la carroza en medio del campo de batalla, donde las fuerzas enemigas estaban en el orden de batalla una enfrente de la otra. Al ver a los guerreros formados en ambos bandos, el estado mental de Arjuna se volvió totalmente penoso. Solo vio a parientes y a maestros en ambos bandos, y se sintió cada vez más abatido. Pensó: «Tengo que intentar matar a Bhīṣhma, mi venerable abuelo, y a Drōṇa, mi venerado maestro. Si los mato a todos, ¿qué parientes van a quedar vivos? No quiero ni la victoria ni el reino a costa de sus vidas». Superado por el desánimo, Arjuna apartó el arco y las flechas y se desplomó en la carroza.

Kṛiṣhṇa le recordó a Arjuna los deberes de un kṣhatriya. No quería tratar los síntomas de la depresión de Arjuna. Trabajó directamente sobre su mente. Viendo en Arjuna los síntomas de la depresión, Kṛiṣhṇa le dio de comer el néctar de la Gītā (consejo divino) y lo liberó así de la enfermedad.

Hijos, no debéis leer la Gītā solo con la cabeza sino también con el corazón. La Gītā fue capaz de animar a Arjuna —que incluso se había planteado el suicidio— a actuar con valentía. La Gītā es el buscador ideal de caminos de quienes piensan en acabar con su propia vida cuando los problemas de la existencia se tornan insoportables. Muchos de los hijos occidentales de Amma se acercan a la Gītā con veneración y una mente inquisitiva, y encuentran en sus páginas respuestas adecuadas a los problemas que asolan sus vidas. Todos debemos ir por esa senda.

Kṛiṣhṇa no detuvo su carroza entre las dos fuerzas combatientes solo por Arjuna. Entre los combatientes había enemigos brillantes y formidables como Bhīṣhma, Karṇa y Drōṇa. El Señor detuvo la carroza justo delante de ellos. Uno de los significados de la palabra «Kṛiṣhṇa» es «el que atrae». Kṛiṣhṇa, el Yo Supremo, es el que atrae hacia sí a todos los seres del universo. El Señor extrajo el poder y la energía de esos grandes guerreros en beneficio de Arjuna. Fue también por ese motivo por el que Kṛiṣhṇa detuvo la carroza en medio del campo de batalla. Viendo la angustia de su devoto, el Señor lo consoló y anuló la destreza y la valentía de sus enemigos. Hijos, recordad que el Señor actuará así para proteger al verdadero devoto que se haya refugiado en Él. Pedidle al Señor que os conceda una entrega completa.

El mensaje de la Gītā

Hijos, la Bhagavad Gītā es la esencia de todos los Vēdas, que son tan profundos y amplios como el mar. Sin embargo, la gente no puede beber agua salada ni utilizarla en casa. Pero cuando el agua del mar se evapora por el calor del sol, se condensa en forma de nubes, cae como lluvia y fluye como un río, puede apagar la sed de todos y utilizarse además para muchas otras cosas. Igualmente, la Bhagava Gītā es el Ganges espiritual que fluye hasta nosotros desde el mar de los Vēdas por la gracia divina.

El mensaje de la Gītā es para toda la raza humana. Reúne los caminos de la devoción, el conocimiento y la acción y otros principios espirituales. Kṛiṣhṇa vino a enseñar a personas de distintos temperamentos el camino para llegar al Yo Supremo. Si un restaurante sirve un único plato, solo acudirán a él los que les guste ese plato, mientras que una comida para diversos paladares atraería a todos. La ropa de talla única no sirve para todos, mientras que la ropa de tallas diferentes atrae a personas de todos los tamaños. Del mismo modo, la Gītā enseña a todo tipo de personas distintos caminos hacia la iluminación espiritual. Las palabras del Señor guían con suavidad y elevan a cada persona desde el nivel en que se encuentre.

Algunas personas acusan a la Gītā de promover la guerra. Sin embargo, la realidad es que muestra el camino de la paz tanto al individuo como a la sociedad. Lo que el Señor nos enseña por medio de la Gītā es que, cuando no hay otra alternativa, incluso la guerra se puede convertir en una sādhanā (práctica espiritual). Cuando Dakṣha[11] realizó un yajña, su arrogancia hizo que se convirtiera en un yuddha (una guerra). Pero Arjuna, actuando según los consejos del Señor, fue capaz de transformar un yuddha en un yajña entregándose al Señor. Uno de los mensajes más importantes de la Gītā es el secreto de cómo transformar el karma (acción) en karma-yōga, convirtiendo la acción en un medio para el conocimiento de Dios.

El espíritu sectario o la estrechez de miras están completamente ausentes de la Gītā, que no nos pide que adoremos a un Dios que está sentado en un trono dorado arriba en los cielos. Ni nos pide que nos esforcemos por conseguir un lugar en el cielo después de la muerte. La Gītā nos enseña a experimentar la paz suprema aquí y ahora. Nos exhorta a conocer la Verdad Suprema, que está en nosotros como nuestro mismísimo Yo.

Aunque sea breve, el mensaje de la Gītā es tan profundo e inmenso como el mar. La Gītā es el verdadero símbolo del sanātana dharma[12]. Es el elixir que el Señor repartió después de batir el océano de leche de los Vēdas. La Bhagavad Gītā, una manifestación de la presencia perdurable del Señor, seguirá bendiciendo este mundo por siempre.

---

[11] Hijo de Brahma, el Creador, creado mentalmente por este, y suegro de Śhiva. Despreciando al Señor, Dakṣha no lo invitó, ni tampoco a su propia hija, Satī (la consorte del Señor), al yajña que celebraba. Eso desembocó en una guerra.

[12] Literalmente, «la ley eterna», el nombre original del hinduismo.

50. La no violencia

Hijos, la no violencia es el dharma (deber) supremo. Llevemos una vida espiritual o mundana, debemos intentar no hacer daño a ningún ser vivo. Las ondas de sufrimiento que emanan de hasta el más diminuto ser al que se daña se propagan por la atmósfera y afectan negativamente a quien lo haya dañado. Por tanto, no hagáis daño a ninguna criatura de pensamiento, palabra u obra.

Primero hay que entender correctamente qué son la violencia y la no violencia. Violencia es hacer daño a otros mediante una acción indiscriminada o egoísta. Las acciones que se realizan con la intención de ayudar a los demás no pueden considerarse violencia.

Lo que determina si una acción es violenta o no violenta es la actitud con la que se realiza. Amma puede poner un ejemplo. Una mujer le daba a su asistenta, que era una chica joven, mucho trabajo. Por mucho que se esforzaba, la chica no podía acabar las tareas a tiempo. La señora la reñía, haciéndola llorar. Esa misma mujer le daba azotes a su hija por jugar en lugar de hacer los deberes. La niña se sentaba en un rincón de su habitación y se ponía a llorar.

Ambas niñas lloraban. Los azotes de la madre a la hija no pueden considerarse violencia porque se los había dado con una buena intención: quería que su hija tuviera un futuro brillante. Eso no es violencia, sino una muestra de su amor por su hija. Por el contrario, aunque la mujer no le diera un azote a la asistenta, su comportamiento con ella era cruel y violento. ¿Trataría una madre así a su hija? Hay que tener en cuenta la distinta actitud con que trató a las dos chicas.

Al plantar un plantón frutal, puede que arranquemos muchas plantas pequeñas que haya alrededor. Pero cuando el plantón se convierte en árbol, ¡qué beneficioso resulta para la sociedad! No solo eso: podrán crecer muchas plantitas a su sombra. Desde esa perspectiva, arrancar las plantas no constituye ninguna pérdida y no puede considerarse violencia.

Ni siquiera puede considerarse que es violencia hacer daño a unos cuantos individuos con el propósito altruista de salvaguardar el bienestar de la sociedad. Por eso se considera que la guerra del Mahābhārata es una guerra virtuosa. Algunos se preguntan si el Señor no defendía la violencia cuando incitaba a Arjuna a luchar. Él nunca quiso la guerra. Su camino era el de la paciencia. Perdonó una y otra vez. Le rogó a Duryōdhana que les diera a los Pāṇḍavas al menos una choza. Pero Duryōdhana afirmó rotundamente que no les daría ni un milímetro de tierra. Si la paciencia de una persona fuerte envalentona a otra a ser cruel o dañar a la gente, esa paciencia es la peor violencia. Sin embargo, no debemos albergar odio o envidia hacia nadie. Hay que censurar las malas acciones, pero no enfadarse con quien las realiza.

Quizás alguien se pregunte si es posible ser completamente no violento en nuestras acciones. Aunque no podamos llegar a ese nivel, la no violencia debe ser nuestra meta y debemos esforzarnos constantemente por amar y servir a los demás.

51. La rectitud y la espiritualidad

Hijos, algunas personas dicen: «Vivimos éticamente, no traicionamos ni hacemos daño a nadie. Tampoco robamos. Vivimos felizmente, satisfechos con lo que tenemos. No vemos que sea necesario ser espiritual o creer en Dios».

Es cierto, vivir éticamente es importante. Hacerlo es tan beneficioso para el individuo como para la sociedad. Pero puede que no baste para afrontar los retos de la vida. Si nuestras acciones no están arraigadas en el discernimiento y la sabiduría, pequeños contratiempos y tristezas podrían hacernos perder el equilibrio mental. En ese caso, ¿cómo vamos a soportar los reveses importantes de la vida?

Muchos tenemos grandes expectativas. En consecuencia, acabamos desengañados aunque realicemos buenas acciones. Puede que aquellos a los que queremos sinceramente no correspondan nuestro amor. Algunas personas se desilusionan cuando sus expectativas de amor no se ven satisfechas. Recurren a estupefacientes y acaban siendo adictos. Igualmente, alguien a quien hemos ayudado mucho puede traicionarnos. Podríamos disgustarnos o enfadarnos terriblemente y obsesionarnos con ideas de venganza. La causa de todo ello son las expectativas. Con conocimiento espiritual, podemos conservar el equilibrio mental en esas situaciones.

La espiritualidad es la gestión de la vida. Nos enseña a vivir en el mundo y a superar los retos. Si entendemos el mundo y su naturaleza, seremos capaces de afrontar y superar con valentía todos los desafíos.

Supongamos que vamos a ver a un viejo amigo para pedirle prestado algo de dinero. Podría prestárnoslo o no. Incluso podría decir: «Yo también estaba pensando en pedirle prestado dinero a alguien». Al tener presentes estos posibles resultados, no nos afectará si no nos presta el dinero.

Un barco que está en el mar está rodeado de agua. Mientras el agua no entre en él, se encuentra a salvo. Pero, si aparece un agujerito en cualquier lugar del barco, entrará agua que hará que el barco se hunda. Del mismo modo, si permitimos que los acontecimientos del mundo exterior, ya sean buenos o malos, influyan en nuestra mente, esta se desestabilizará y será esclavizada por la tristeza y el desengaño. Pero, si le entregamos la mente a Dios, siempre estaremos en calma.

Por ejemplo: suponed que un amigo cercano muere en un accidente o está gravemente enfermo. En esa situación, ¿cómo vamos a tener paz mental? Lo que nos ayudará a conservar el equilibrio mental es conocer los principios espirituales y vivir conforme ellos.

Durante el terremoto de Gujarat de 2011, decenas de miles de personas lo perdieron todo. Muchos ya eran pobres antes. Bastantes vinieron a ver a Amma. No se sentían demasiado afligidos. Cuando Amma les preguntó si estaban disgustados, dijeron: «Dios se llevó lo que nos había dado». Aunque lo habían perdido todo, eran capaces de elevarse por encima de su pérdida. Lo que les ayudaba a hacerlo era su perspectiva espiritual.

Todos los objetos del mundo son perecederos. Podemos perderlos en cualquier momento. Sabiéndolo, debemos refugiarnos en lo que es imperecedero: Dios. Si anclamos la vida en la fe, podemos sobrevivir a la peor tormenta.

52. La esencia de las religiones

Hijos, las religiones enseñan que Dios mora en el corazón, que el hombre y Dios son esencialmente de la misma naturaleza y que Dios creó al hombre a su imagen. Muchos quizás se pregunten por qué siendo así no somos capaces de saborear la dicha de su presencia. Es cierto que nuestra verdadera naturaleza es divina, pero Él permanece escondido por nuestra ignorancia y nuestro ego. Por eso experimentamos dolor y sufrimiento.

En realidad, todas las religiones enseñan la forma de que el hombre alcance su naturaleza dichosa innata. Sin embargo, no conseguimos entender la verdadera esencia de las religiones y nos quedamos atrapados en los rituales y las costumbres externas. Imaginad que hay distintos botes de miel. ¿De qué sirve prestar toda la atención al color y la forma de los recipientes y no saborear el dulzor de la miel? Estamos así. En lugar de asimilar los principios que defienden las religiones, hemos quedado presos de su aspecto superficial.

Amma recuerda una historia. Un hombre decidió celebrar su cincuenta cumpleaños por todo lo alto. Imprimió invitaciones en un papel caro. Renovó la casa volviendo a pintarla y a decorarla y compró una lámpara de araña que hizo colgar en medio del vestíbulo. Se compró ropa cara, un anillo de diamantes y una cadena de oro para llevarlos en el cumpleaños. También contrató al chef local más famoso para que cocinara un suntuoso banquete.

Por fin llegó el día del cumpleaños. Con su ropa de diseño, su anillo de diamantes y su cadena de oro, fue al vestíbulo a recibir a los invitados. El banquete estaba preparado y unos camareros uniformados estaban listos para servirlo. Pero no se había presentado nadie cuando oscureció, y el hombre se preocupó. De repente, vio el montón de invitaciones encima de la mesa. En sus prisas por reformar y preparar la casa y sus alrededores, se había olvidado por completo de enviar las invitaciones. Igualmente, muchos nos quedamos atrapados en el ajetreo trivial de nuestra vida diaria y olvidamos el objetivo principal de la vida. Por eso, no somos capaces de experimentar la paz y felicidad verdaderas.

A los que estén imbuidos de la pompa y el boato exteriores de la religión les costará asimilar la esencia de la religión y experimentar la presencia de Dios. El empleado que corta el césped solo ve hierba, mientras que quien recoge plantas medicinales se da cuenta de las plantas medicinales pocos comunes que crecen entre la hierba. Del mismo modo, hay que aprender a absorber los principios esenciales de la religión y no conceder demasiada importancia a asuntos que no sean fundamentales.

Hijos, tenemos que esforzarnos por entender la esencia interior de la religión y los principios espirituales sobre los que se basan los rituales y las fiestas. Debemos tratar de practicarlos en nuestra vida. Solo entonces seremos capaces de experimentar la presencia de Dios en nuestro interior.

53. La actitud

Hijos, muchas personas viven desanimadas por problemas en el trabajo u otros asuntos. La principal razón de ello es su actitud o su visión defectuosa de la vida. Su vida indudablemente mejorará si alguien puede guiarlas adecuadamente e inspirarlas. Con esa transformación positiva, quienes eran una carga hasta para sí mismos se convertirán en activos para la sociedad.

Un estudiante universitario deseaba intensamente ser médico. Sin embargo, suspendió el examen de acceso a la Facultad de Medicina por un punto. Se sentía profundamente desilusionado. No quería inscribirse en ningún otro sitio. Al cabo de un tiempo, por la presión familiar, se presentó a un puesto en un banco y tuvo éxito. Incluso después de empezar a trabajar en el banco, la decepción de no haber sido capaz de estudiar medicina seguía obsesionándolo. No era capaz de hablar con educación a los clientes o sonreírles. Comprendiendo su estado mental, un amigo le llevó a ver a su guru. El hombre se sinceró con el guru y le expuso sus problemas:

—No tengo la mente bajo control. Me enfado por tonterías. No soy capaz de comportarme profesionalmente con los clientes del banco. No creo que pueda conservar ese trabajo mucho más tiempo si sigo comportándome así. ¿Qué debo hacer?

El guru consoló al joven y le dijo:

—Imagina que tu mejor amigo te envía a alguien. ¿Cómo lo recibirías?

—Atendería con alegría todas sus necesidades.

—En ese caso, trata a cada cliente que te llegue como si te lo hubiera enviado Dios en persona. Entonces serás capaz de relacionarte con ellos cariñosamente.

A partir de ese día, se produjo una gran transformación en el joven. Su cambio de actitud se reflejó en sus pensamientos y sus acciones. Cuando podía ver a cada persona que se le acercaba como un emisario de Dios, todo lo que hacía se convertía en un acto de adoración. La depresión lo abandonó. La mente se le llenó de felicidad y satisfacción. También era capaz de contagiar su felicidad a los demás.

La devoción es inmensamente beneficiosa para fomentar una actitud correcta ante la vida. En el caso del creyente en Dios, el centro de su vida es Dios. Ve a Dios en todos y en todo. Todas sus acciones son ofrendas a Dios. Si logramos hacer todo como un acto de adoración, no seremos los únicos que nos beneficiaremos de ello. La sociedad entera también se beneficiará.

54. Lo eterno y lo transitorio

Hijos, nada de lo que vemos en este mundo es eterno. Las propiedades, la riqueza, los parientes y los amigos que consideramos nuestros no estarán para siempre con nosotros. Eso no significa que no debamos querer a nadie. Debemos quererlos a todos, pero con un amor desinteresado. Solo entonces podremos liberarnos del sufrimiento.

Un hombre tenía cuatro esposas. De las cuatro, a la que más quería era a la cuarta. Hacía todo lo que podía para facilitarle todas las comodidades de la vida y mantener su estilo de vida y su rutina de belleza. También quería cariñosamente a su tercera esposa, y se sentía orgulloso de su extraordinaria capacidad a la hora de conseguir que las cosas se hicieran. En cuanto a la segunda, aunque no la quería tanto, era la única con la que abría el corazón y le contaba todo. A su primera mujer la descuidaba completamente. Ni siquiera la miraba.

Un día le diagnosticaron una enfermedad terminal. El médico le dijo:

—La ciencia no puede salvarte. Solo te quedan unos cuantos días de vida.

Al oírlo, el hombre entró en pánico. Cuando llegó a casa, le preguntó a su cuarta esposa:

—Te he querido más que a nadie. El médico dice que moriré dentro de pocos días. ¿Me seguirás más allá de la muerte?

—No.

La respuesta le hirió terriblemente. Le preguntó a su tercera mujer:

—¿Estarás conmigo después de que muera?

—No, imposible. Quiero seguir viviendo. Cuando te mueras, me volveré a casar.

Al oírlo, el hombre se apenó. Preguntó a su segunda esposa:

—Tanto en la alegría como en la tristeza, solo te abrí el corazón a ti. ¿Me seguirás cuando muera?

—Te acompañaré hasta el crematorio, pero no más allá.

Sus palabras redoblaron su tristeza. Se sentó, terriblemente apenado, pero su primera esposa le consoló:

—No te preocupes. Yo estaré siempre contigo, no lo dudes.

Al oír aquello, el hombre sintió remordimientos por haberla desatendido.

En esta historia, la cuarta esposa es nuestro cuerpo, que solo estará con nosotros hasta que muramos. La tercera esposa es nuestra posición social, nuestro poder y nuestra riqueza. Cuando muramos, pasarán a otra persona. La segunda esposa son nuestros amigos, que solo estarán a nuestro lado hasta que lleven nuestro cuerpo al crematorio. La primera mujer es nuestro Yo Supremo, que estará con nosotros en la vida y en la muerte. Pero nunca pensamos en el Yo, aunque merezca toda nuestra atención.

Esto no significa que las posesiones y la riqueza no hagan falta. Solo necesitamos lo suficiente para vivir. Cuando vivimos con la comprensión de que el Yo Supremo es la fuente de la paz eterna, podemos superar el dolor.

55. El prārabdha

Hijos, muchas personas preguntan: «No soy consciente de haber hecho nada malo en esta vida. Entonces, ¿por qué sufro tanto?».

La única respuesta que se puede dar es que están sufriendo por las malas acciones realizadas en vidas anteriores.

Las consecuencias de las acciones hechas en vidas pasadas y que hemos empezado a experimentar se llaman prārabdha. Algunas clases de prārabdha nos infligen experiencias dolorosas mientras que otros tipos nos conceden experiencias placenteras.

Hay tres clases de prārabdha. El primero puede mitigarse completamente. Es como una enfermedad que se puede curar con medicamentos. La segunda clase de prārabdha es más grave, y es como una enfermedad que solo puede curarse con cirugía. La segunda clase de prārabdha puede mitigarse con actos benéficos, buenas acciones y la adoración a Dios. La tercera clase de prārabdha es aún más crítica. Hay que experimentarlo, no queda otra. Es como una enfermedad que vuelve incluso tras la cirugía.

No debemos abandonar nunca la fe optimista. Algunas acciones producen resultados inmediatos mientras que otras solo producen resultados más adelante. El esfuerzo sincero produce buenos resultados antes o después. No hay que desanimarse pensando que hemos pecado en una vida anterior. El pasado es como un cheque anulado. Ni puede volver ni podemos cambiar lo que hemos hecho. El mañana tampoco puede convertirse en el hoy. Solo tenemos el momento presente. Hay que usarlo bien. Igual que vertiendo continuamente agua dulce en agua salada podemos reducir la salinidad de la misma, tenemos que hacer buenas acciones pensando en el Yo Supremo y ofreciéndole nuestras acciones. De ese modo, podemos reducir la intensidad de las experiencias dolorosas y progresar en la vida.

Una vez, un viajero que cruzaba un denso bosque fue atacado por unos ladrones. Después de robarle el dinero, los ladrones le ataron de pies y manos con una cuerda y lo arrojaron a un pozo seco y abandonado. El desamparado viajero se puso a gritar:

—¡Salvadme! ¡Salvadme!

Otro viajero oyó sus gritos y se asomó al pozo. Tiró una cuerda y ayudó al primer hombre a salir del pozo.

El hombre fue atado y también salvado con una cuerda. Las acciones son como esa cuerda. Las acciones egoístas nos atan, mientras que las acciones desinteresadas dedicadas a Dios llevan a la liberación espiritual.

Es posible que no siempre tengamos buenas experiencias en la vida. A menudo nos esperan dificultades. Debemos aprender a usar estas ocasiones como peldaños hacia el crecimiento y el éxito. Se debe tener un discernimiento arraigado en la comprensión espiritual para ello.

56. La medicina del amor

Hijos, el amor es el remedio contra las impurezas mentales como la cólera y la envidia. Si realmente amamos a alguien, no sentiremos envidia, rivalidad u odio hacia esa persona. Ni siquiera percibiremos sus limitaciones. Aunque la persona a la que queremos no sea guapa, le atribuiremos belleza. Y, al contrario, por muy guapa que sea una persona a la que detestemos, nos parecerá fea. Ambas cosas se deben a la mente.

Un ama de casa y su sirvienta cocinaban juntas en la cocina. La señora miró por la ventana y le dijo a la sirvienta:

—Hay un gordinflón en la puerta. Por favor, ve a ver quién es.

La sirvienta fue a ver quién era. Al volver, dijo:

—Señora, ¿sabe quién está ahí fuera? Es su hijo mayor, que se fue de casa hace diez años.

Al oírlo, la mujer salió corriendo, abrazó al joven y dijo:

—Hijo querido, ¿cuándo has vuelto? ¿Por qué has adelgazado tanto? ¿No estás comiendo bien?

La misma persona que le parecía gordinflona cuando era un desconocido le pareció delgada cuando reconoció a su hijo. Lo feo se vuelve bello cuando se despierta el amor. Del mismo modo, gracias al amor podemos elevarnos por encima de emociones como la envidia y el resentimiento.

El sentir ira contra otra persona es como suicidarse, porque el resentimiento y la envidia matan células del cuerpo. Por el contrario, al amar a los demás, la mente se expande y se libra de impurezas. Las buenas cualidades y la felicidad iluminan de manera natural el corazón puro.

Es natural sentir compasión cuando vemos a alguien en una silla de ruedas. Una persona que no puede controlar su mente también está discapacitada. La única diferencia es que su incapacidad no se ve desde fuera. Igual que nos da pena el discapacitado, también debemos sentir pena por quien alberga sentimientos de hostilidad y envidia. Quizá nuestro amor y compasión puedan producir una transformación en ellos.

El amor y la vida no son dos cosas distintas. Son una sola cosa. El amor y la vida son como una palabra y su significado. No es posible separarlos. Una vida sin la dulzura del amor es como un desierto seco y agrietado. Por eso, tenemos que despertar el amor en nuestra vida. Al hacerlo, podemos ayudar a mantener la paz y la prosperidad no solo en nuestra vida sino también en la sociedad.

57. Orientados hacia la meta

Hijos, no es frecuente encontrar a alguien que no desee tener éxito en la vida; pero son muy pocos quienes verdaderamente triunfan. Los demás aceptan la derrota, se hunden en la desesperación y viven abatidos. La razón principal es la falta de claridad sobre su objetivo y una preparación mental y física insuficientes para alcanzarlo.

Muchas personas que fracasan se justifican así: «Los demás tenían facilidades que favorecían su éxito. Contaban con personas que les ayudaban y los animaban. Yo no tenía a nadie». Esas excusas muestran su falta de lakṣhya-bōdha (orientación hacia la meta) y su escasa fuerza de voluntad. No sirve de nada intentar ocultar nuestra debilidad y nuestra pereza. De cara a tener éxito en cualquier actividad, hay que disponer de la fuerza de voluntad y la energía necesarias para superar los obstáculos que aparezcan en el camino.

Los estudiantes que quieren ser ingenieros o médicos, o los primeros de su clase, estudian con lakṣhya-bōdha. Su vida se vuelve disciplinada de manera natural. No pierden el tiempo juntándose con amigos. Siguen estudiando incluso cuando van en autobús. No se quejan de la falta de luz en casa, sino que estudian bajo una farola de la calle. Las circunstancias no disuaden a quienes tienen lakṣhya-bōdha, mientras que a otras personas incluso un pequeño obstáculo les parece una barrera insalvable.

Una vez, una madre y su hijo fueron a un festival. En una esquina del lugar había un programa de música y danza. Alrededor había muchos puestos de comida, juguetes y otras cosas. El niño pasó delante de ellos de la mano de su madre observando ávidamente lo que veía. Durante unos minutos, la madre se olvidó del niño. Al cabo de un rato, descubrió que se había perdido. Miró a su alrededor con preocupación. Lo buscó frenéticamente hasta en el último rincón del lugar donde se celebraba el festival. En su mente solo había un pensamiento: «¿Dónde está mi hijo?». No se enteraba de la música ni de los bailes que la rodeaban. No veía las multitudes ni el barullo que había a su alrededor. Igualmente, quien posea lakṣhya-bōdha no tendrá pensamientos derrotistas ni se rendirá ante los obstáculos.

Ante todo, hay que tener una comprensión clara de lo que se quiere conseguir en la vida. También hay que esforzarse constantemente por alcanzar la meta. Si estos dos factores están presentes, todo lo demás vendrá por sí solo. Los pétalos de una flor se caen naturalmente cuando la planta está a punto de dar fruto. Del mismo modo, cuando el lakṣhya-bōdha se vuelve firme, los malos hábitos y los defectos caen naturalmente. Todas las cualidades que se requieren para alcanzar la meta se manifiestan poco a poco. Por eso, un lakṣhya-bōdha adecuado tiene una importancia primordial.

58. La devoción y el contentamiento

Hijos, la devoción es un recuerdo constante e ininterrumpido de Dios. Pensemos, por ejemplo, en las gōpīs (lecheras) de Vṛindāvan. Les resultaba difícil dejar pasar un solo momento sin pensar en Kṛiṣhṇa. En la cocina, llamaban a los condimentos como el chile y el cilantro con nombres del Señor. Si necesitaban chile, decían que querían «Mukunda». Cuando sacaban el cilantro, les parecía que tenían a Gōvinda en sus manos. De ese modo, hicieran lo que hicieran, su mente estaba ocupada recordando a Dios. Finalmente, experimentaron la omnipresencia de Kṛiṣhṇa.

Cuando el amor a Dios llena el corazón, se debilitan todas las tendencias latentes y los deseos que lo ocupaban. Las impurezas mentales desaparecen. En ese estado de devoción, el devoto no desea nada más que a Dios. Nada más importa. El devoto acepta la alegría y la tristeza como prasād (ofrendas consagradas) de Dios. Está satisfecho hasta en la pobreza.

Un rey se fue a cazar al bosque. Persiguiendo los animales, se perdió y se alejó de su séquito. Cayó un fuerte chaparrón y el rey acabó calado hasta los huesos. Caminó sin rumbo mucho tiempo y acabó completamente agotado. Al anochecer, vio un antiguo templo de Kṛiṣhṇa y, al lado, una cabaña. El rey caminó hasta la choza. Allí vivían un viejo sacerdote y su mujer. Viendo al desconocido empapado y chorreando, le dieron una toalla limpia. Cuando el rey se hubo secado, le ofrecieron comida. El rey pasó la noche en la cabaña.

Al amanecer, el séquito de soldados del rey, que llevaba toda la noche buscándolo, llegó a la cabaña. Al despedirse de la pareja, el rey ordenó que le dieran cien monedas de oro al sacerdote. El anciano declinó educadamente el ofrecimiento y dijo:

—No necesitamos nada. El Señor se ocupa de nosotros. Nos da todo lo que necesitamos.

El rey estaba asombrado. Dijo:

—Los dos sois mayores. ¿Y si enfermáis? Dejadme que os construya una casa nueva. También os enviaré a alguien que os ayude.

La anciana pareja volvió a poner reparos:

—Nunca pensamos en la enfermedad. El Señor, que es Dhanvantari (el Dios de la Medicina), siempre está con nosotros protegiéndonos.

Aunque eran pobres, los rostros de la anciana pareja brillaban de fe y contento.

La sencillez y el sacrificio le llegan a un verdadero devoto de forma natural. No piensa en su propia seguridad ni en sus intereses personales. Recibe todo lo que la vida le ofrece —alegrías y tristezas, dificultades y ganancias— como prasād de Dios. No alberga resentimientos, quejas u objeciones, solo una fe y un amor inquebrantables.

59. Una mente abierta

Hijos, siempre hay que tener actitud de principiante. Eso significa tener la mente abierta, ser humilde y desear ávidamente aprender. Es la disposición a ver y aceptar lo bueno en cualquier cosa. Abordar todas las situaciones de la vida con la mente abierta despierta la paciencia, el estado de alerta y el entusiasmo. Podemos aprender lecciones de cualquier situación y responder adecuadamente. Una mente cerrada nos vuelve orgullosos y obstinados, nos inclina a obrar mal y dificulta la asimilación de la bondad. Una actitud así acaba llevando a la autodestrucción.

Un día, durante la guerra del Mahābhārata, Arjuna y Karṇa se encontraron cara a cara. Kṛiṣhṇa era el auriga de Arjuna, y Śhalya, el de Karṇa. Cada guerrero disparó una descarga de flechas contra el otro. Finalmente, Karṇa colocó la flecha y apuntó hacia la cabeza de Arjuna, intentando acabar con él. Śhalya le avisó:

—Karṇa, si planeas matar a Arjuna, no apuntes la flecha hacia su cabeza sino hacia el cuello.

Karṇa replicó con arrogancia:

—Cuando he colocado la flecha y ya he apuntado, nunca cambio de objetivo. La cabeza de Arjuna va a seguir siendo la diana de mi flecha.

Tras decir esto, Karṇa lanzó la flecha. Viendo cómo se dirigía a gran velocidad hacia la cabeza de Arjuna, el Señor presionó con el pie la carroza hacia abajo para que las ruedas de la carroza se hundieran profundamente en el suelo. En lugar de clavarse en la cabeza de Arjuna, la flecha hizo caer su corona. De ese modo,

Arjuna se salvó. Poco después, mató a Karṇa. Si Karṇa hubiera seguido el consejo de Śhalya, la flecha le habría dado a Arjuna en la cabeza. El ego de Karṇa no le permitió hacer caso del consejo de Śhalya con una mente abierta. Así, Karṇa preparó el terreno para su propia muerte.

Si nos aferramos a una actitud de sabelotodo, nunca aprenderemos nada. ¿Puede verterse algo dentro de un recipiente lleno? El cubo solo puede llenarse cuando lo hundimos en un pozo. Hasta un científico con un premio Nobel tiene que someterse a un profesor de flauta si quiere aprender a tocar dicho instrumento.

La actitud de principiante es la puerta de entrada al mundo del conocimiento y la visión amplia. Quien tiene esa actitud piensa: «No sé nada. Enséñame, por favor». Es humilde y receptivo. Esa actitud atrae la gracia divina y ayuda a obtener conocimiento de cualquier cosa. De ese modo, se puede lograr el éxito en la vida.

60. Darśhan en el templo

Hijos, algunas personas se quejan, diciendo: «Aunque hemos visitado muchos templos y hemos realizado muchas peregrinaciones, todavía no se han cumplido nuestros deseos». Visitar templos y hacer peregrinaciones está muy bien, pero el objetivo no debe ser solo satisfacer nuestros deseos. La meta debería ser purificar la mente y despertar la devoción a Dios. Si no obtenemos pureza mental, todos nuestros esfuerzos espirituales son inútiles.

Durante los trabajos de construcción, el hormigón solo queda firme si las barras de acero que se emplean no tienen suciedad. Igualmente, Dios solo puede morar en un corazón puro. Al visitar templos y otros lugares sagrados, hay que pensar en Dios y cultivar una actitud de entrega. El tiempo que estemos allí tenemos que dedicarlo a recitar los nombres del Señor, cantar bhajans, meditar o hacer otras prácticas espirituales. Aunque nuestro objetivo sea satisfacer deseos, la mente debe estar enfocada en Dios. Pero, actualmente, la mente de la mayor parte de la gente que acude a los templos está preocupada por el hogar, el trabajo y otros mil asuntos. Le hablan a Dios de todo eso y le piden que cumpla sus deseos. Ni por un instante se pueden olvidar de todo lo demás y pensar solo en Él. Cuando le han contado sus penas, su mente regresa a su hogar o a otros asuntos. Algunas personas se preguntan si les robarán el calzado que han dejado a la entrada del templo. O quizás la mente ya corre detrás del autobús que los llevará de vuelta a casa. Antes de salir del templo, donan algo de dinero para el vazhipāḍu (ofrenda ritual). Ya no se quedan. Dicen «adiós» y se marchan.

No debe de ser así. Tenemos que intentar pensar solo en Dios todo el tiempo que estemos en un templo. Al abogado o al médico hay que contarle todos los detalles. Solo entonces podrá el abogado defender nuestra causa adecuadamente; solo entonces podrá el médico tratar nuestra enfermedad de manera apropiada. Pero a Dios no hace falta decirle nada. Él conoce nuestro corazón. Por eso, meditad en el Señor y purificad así la mente. Hay que intentar pasar todo el tiempo que estemos en el templo recitando el nombre de Dios. Solo entonces podremos recibir todo el beneficio de visitar el templo.

No conseguiremos ningún progreso espiritual o material yendo solo al templo y circunambulando el sanctasanctórum. Por muchos templos que visitemos, por muchas ofrendas que hagamos, las visitas a templos solo nos benefician si enfocamos la mente en Dios.

Cuando llueve, el agua cae en el suelo reblandeciéndolo y dificultando el caminar. Después, el agua de lluvia desaparece. Por el contrario, una ostra puede recibir una única gota de lluvia en el mar y, sin embargo, transforma esa única gota que llevaba mucho tiempo esperando en una valiosa perla. Del mismo modo, aunque la gracia de Dios siempre esté fluyendo, solo nos beneficia en la medida en que la asimilamos.

61. Los hábitos

Hijos, los hábitos desempeñan un papel importante en nuestra vida. Los buenos hábitos orientan la vida en la dirección correcta y nos llevan al éxito, mientras que los malos hábitos corrompen la mente y destruyen la vida.

Quien quiera disfrutar de plena libertad en la vida debe asegurarse de no estar esclavizado por los hábitos. Solo es posible alcanzar esta meta con una conciencia completa de cada pensamiento y cada acción. Si seguimos repitiendo las malas acciones, las mismas se convierten en hábitos. El hábito configura el carácter. El carácter nos controla, y así perdemos la libertad.

Una persona que tenga el hábito de tomar un café nada más levantarse por la mañana se siente inquieta e irritable si no lo toma. No conseguir cosas insignificantes como café, cigarrillos o el periódico cuando queremos puede intranquilizar la mente y podemos perder la alegría y la satisfacción. A todos nos han esclavizado muchos hábitos como estos.

Un hombre se jubiló del ejército tras treinta años de servicio y volvió a su pueblo. Un día fue al mercado a comprar un cántaro de leche. Se puso el cántaro sobre la cabeza, lo sostuvo con ambas manos y se puso a caminar hacia su casa. Al verlo, uno de los jóvenes que estaban junto al camino, gritó:

—¡Atención!

En cuanto oyó la palabra, que en los últimos treinta años había formado parte de su vida, el soldado jubilado bajó las manos a los costados y se puso firme. El cántaro se cayó y se rompió, y toda la leche se derramó. Los jóvenes se partieron de la risa.

Esta historia demuestra que las acciones insignificantes también pueden ser dañinas si se hacen mecánicamente; así que podemos imaginarnos lo destructivos que son los malos hábitos.

Cuando nos volvemos adictos a los malos hábitos, esa adicción es difícil de superar. Hay que realizar un esfuerzo constante y consciente para poder hacerlo. Cultivando conscientemente buenos hábitos, podemos evitar caer en la trampa de los malos hábitos y conseguir un carácter virtuoso.

Sin embargo, hay que tener cuidado de no dejarse esclavizar por los buenos hábitos. Recordemos que nosotros debemos usar los buenos hábitos y no que ellos nos usen a nosotros. Imaginad a un hombre que siempre medita a las ocho de la mañana y que un día tiene que llevar a su hermano herido al hospital. Su mente no debe perturbarse por haberse perdido la meditación.

Alguien que está aprendiendo a nadar usa al principio un chaleco salvavidas para flotar. Cuando ha aprendido a nadar, puede prescindir de él. Igualmente, hay que ser capaz de superar todos los hábitos gradualmente y de ese modo experimentar una libertad total.

62. Amad al prójimo

Hijos, la devoción a Dios no solo se expresa por medio de rituales o mediante el culto. Debe manifestarse como amor, compasión y paciencia con los demás. Como aconsejó Jesús: «Ama a tu prójimo como a ti mismo». Este consejo tiene una relevancia espiritual y práctica considerable. Todos nos queremos a nosotros mismos más que a nadie. Pero si logramos ver a los demás como a nosotros mismos, nuestro amor fluirá libremente.

Creemos que somos individuos distintos, pero en realidad todos somos fundamentalmente uno. Cuando se despierta el amor, la sensación de estar separados se disuelve, al menos temporalmente, y experimentamos la unidad.

Nuestro prójimo son las personas con las que nos relacionamos en todos y cada uno de los momentos de la vida. En ese sentido, los familiares, los amigos, los colegas y los compañeros de viaje son el prójimo. Si podemos mantener buenas relaciones con ellos, los beneficiados seremos nosotros. A muchos nos cuesta amar a nuestros enemigos. Es normal que los seres humanos encuentren defectos en los demás.

Una pareja recién casada se fue a vivir a un nuevo vecindario. A la mañana siguiente, vieron que la vecina tendía la ropa para que se secara. La esposa le dijo al marido:

—No ha lavado bien el vestido. Seguramente no sabe lavar bien la ropa.

El marido no comentó nada. Todas las mañanas se repitió lo mismo durante los siguientes días y el marido siempre se abstuvo de comentar sobre las quejas de su mujer.

Al cabo de unas semanas, la esposa señaló muy sorprendida la ropa que estaba tendida en la cuerda de los vecinos y le dijo a su marido:

—Mira, parece que la vecina por fin ha aprendido a lavar bien la ropa. Toda la ropa tendida está realmente limpia. Me pregunto quién le habrá enseñado a lavar la ropa.

El marido replicó:

—Hoy me levanté temprano y limpié la suciedad que había en los cristales de nuestra ventana.

Eso es exactamente lo que sucede en la vida. Si queremos ver el bien en los demás, primero debemos purificar nuestra mente. Las emociones negativas como la soberbia, la envidia, los celos y el odio distorsionan nuestra visión. En consecuencia, no somos capaces de aceptar y querer a los demás.

Cultivando una actitud amorosa respecto a aquellos con quienes nos relacionamos, podemos purificar nuestra mente y crear a nuestro alrededor un ambiente lleno de amor y de felicidad.

63. ¿Es bueno o malo enfadarse?

Hijos, un niño pequeño le preguntó una vez a Amma: «Amma, ¿hay buenos enfados y malos enfados?».

Lo que determina si una emoción es buena o mala son los motivos que subyacen a la misma y el beneficio que pueda aportar. Por ejemplo: cuando la madre finge enfadarse con su hijo, lo hace por el bien del niño. En el corazón de la madre no hay ni el menor rastro de enemistad o de odio. Lo que se expresa como cólera es su amor y su cariño por el niño. Es como cuando la gata agarra al gatito por el cogote para llevarlo a un lugar seguro. La madre solo quiere un futuro prometedor para su hijo. Cuando se enfada con el cachorro, este podría sentirse molesto; pero después entiende que la ira de su madre le había salvado de un grave peligro.

La reprimenda de un buen maestro es como una clase de apoyo para el estudiante. El maestro solo le riñe para que estudie más. Detrás de esa cólera solo hay amor y cariño. En este caso, el maestro se pone la ira como si fuera una máscara, y el enfado es otra forma de amor. Por eso, sin duda ayudará al estudiante.

Hay otra clase de ira, una que no aspira al bien de nadie, sino que procede de la soberbia y el egoísmo de la persona que se enfada. Un ejemplo puede ser la ira por la envidia que un estudiante le tiene a otro que ha sacado mejores notas que él. Esa cólera los perjudicará a ambos, y hay que contenerla desde el principio. Si no podemos hacerlo, debemos alejarnos de la situación que provocó el enfado. Es natural que en la mente surjan pensamientos de ira; pero no hay que actuar bajo la influencia de esa emoción. Por el contrario, hay que distanciarse de la situación que ha provocado el enfado y reflexionar sobre ella. Debemos asegurarnos de que la cólera no se traduzca en acciones que más tarde lamentaremos.

¡Cuántas relaciones familiares y de amistad se han roto por un solo momento de enfado! En gran medida, esos problemas pueden evitarse si ambas partes se esfuerzan por controlar la ira y actuar con discernimiento. Meditar y hacer otras prácticas espirituales todos los días ayuda a conseguir controlar la mente. Poco a poco, seremos capaces de darnos cuenta del primer pensamiento colérico que surja y, por tanto, de controlarlo. Que todos los pensamientos, palabras y acciones de mis hijos se vuelvan meditativos.

64. Los mahātmās

Hijos, cuando se representa una obra de teatro en el escenario, el público experimenta distintas emociones. La gente se ríe o llora según lo que hagan los personajes. Pero ¿qué pasa con el dramaturgo que observa su propia obra? No le preocupará lo que vaya a pasar en la siguiente escena. El dramaturgo sabe exactamente qué pasa después y qué van a decir los personajes. Así viven también los mahātmās (almas iluminadas espiritualmente) en este mundo. Saben lo que está pasando y lo que va a pasar. Por eso, nada de lo que sucede en la vida puede alterarlos.

Aunque los mahātmās trabajan constantemente, no tienen la sensación de ser los que actúan. No están apegados a sus acciones. Viven en el mundo como mantequilla que flota en el agua. Hijos, recordad lo que le dijo Kṛiṣhṇa a Arjuna: «Arjuna, no me queda nada por conseguir en los tres mundos; sin embargo, actúo». Algunos hijos pueden preguntarse: «Entonces ¿por qué actúan los mahātmās?». Actúan para despertar el dharma-bōdha (la conciencia de la rectitud) en los demás. Esa es la meta de todas sus acciones. El dharma solo prevalecerá si el adharma (maldad) decae.

Si un país no se protege contra un gobernante depravado y cruel, tanto el país como su población acabarán destruidos. Cuando se utiliza radiación para destruir las células cancerosas, algunas células sanas también mueren. Sin embargo, eso ayuda a curar al paciente. Igualmente, ejecutar a un hombre que no dudaría en matar a cien personas puede librar a un país y a su pueblo de las garras del adharma.

Durante la guerra del Mahābhārata, Duryōdhana salió una noche a ver a su madre, Gāndhārī. Iba a pedirle sus bendiciones para ganar la guerra y volverse invencible. Gāndhārī era una joya de mujer. Se había vendado los ojos —como un acto de generosidad— tras casarse con un ciego. Los poderes espirituales adquiridos con esta ascesis hacían que el cuerpo de cualquiera a quien mirara Gāndhārī se pusiera duro como el acero y la persona se volviera invencible. Duryōdhana lo sabía. Siguiendo las instrucciones de su madre, se bañó y se dirigía completamente desnudo hacia ella. De repente, Kṛiṣhṇa apareció delante de él y le preguntó:

—Duryōdhana, ¿qué haces? ¿Vas desnudo a ver a tu madre? ¿No podrías, al menos, ponerte un taparrabos?

A Duryōdhana le pareció que el Señor tenía razón. Se cubrió las ingles y los muslos y fue a ver a Gāndhārī, que se quitó la venda de los ojos y miró a su hijo. Todas las partes que vio del cuerpo de Duryōdhana se volvieron más duras que el acero. Solo las partes que estaban cubiertas siguieron siendo vulnerables. Más adelante, cuando Bhīma y Duryōdhana luchaban con mazas, Bhīma no pudo derrotarlo a pesar de sus repetidos intentos. Finalmente, siguiendo una indicación de Kṛiṣhṇa, Bhīma golpeó a Duryōdhana con la maza en los muslos y así acabó con él.

Algunos consideran adhármica esta acción de Kṛiṣhṇa. Sin embargo, él sabía que, si el malvado Duryōdhana se volvía invencible, el dharma no prevalecería en el reino. Por eso convenció a Duryōdhana de que se cubriera las ingles y los muslos. Solo así fue Bhīma capaz de derrotarlo. Las acciones de los mahātmās pueden parecerles poco éticas a las personas comunes; pero no hay que valorarlas desde una lectura superficial de las situaciones. Solo se puede evaluar la grandeza de los mahātmās teniendo en cuenta las consecuencias de sus acciones.

65. Nada es insignificante

Hijos, en este universo no hay nada que sea insignificante. Todo tiene su lugar y su importancia. No darse cuenta de esta verdad es la causa de la mayor parte de los problemas que se producen en la vida.

La negligencia en asuntos pequeños produce enormes pérdidas. Si una tuerquecita se suelta, el avión funciona mal y la vida de los pasajeros está en peligro. Por eso, no podemos considerar que nada sea insignificante. Que el problema sea pequeño no implica que sea insignificante. Si le prestamos la atención debida, podemos evitar problemas mayores.

La atención y la paciencia que dedicamos a las cosas pequeñas es lo que nos lleva a alcanzar grandes éxitos. Había una vez un médico. La edad y la experiencia le habían proporcionado madurez. Un día, un médico más joven lo llamó agitadamente y le dijo:

—Señor, han ingresado a un paciente. De alguna manera se ha tragado una pelotita. La tiene atascada en la garganta. Está boqueando por aire y a punto de morir. No tengo ni idea de qué hacer. ¡Por favor, dígame cómo puedo salvar al paciente!

Tras unos instantes en silencio, el médico mayor dijo:

—Busca una pluma y hazle cosquillas con ella.

Pocos minutos después, el médico joven llegó y dijo entusiasmado:

—Señor, cuando le hice cosquillas, el paciente se puso a reír y la pelota salió despedida. ¡Fue un verdadero milagro! ¿Dónde lo aprendiste?

El médico mayor dijo:

—Cuando me hablaste de cómo se encontraba el paciente, me vino esa idea a la cabeza; eso es todo.

Igual que una pluma aparentemente pequeña e insignificante pudo salvarle la vida a un hombre, podemos conseguir grandes cosas prestando atención a los pequeños detalles.

La atención y el discernimiento que demostramos en asuntos aparentemente insignificantes es lo que nos acerca a Dios. La atención sobre los asuntos exteriores conduce a la atención interior. Y la necesitamos para tener éxito tanto en la vida espiritual como en la mundana. Por eso, hijos, haced todo con atención.

66. Conocimiento y prácticas

Hijos, la espiritualidad es la ciencia de la vida. El conocimiento espiritual nos hace capaces de afrontar todas las situaciones de la vida con la actitud correcta y obtener la fuerza necesaria para superar los desafíos, las crisis y las debilidades. No basta con aprender muchos principios espirituales, dar charlas y aconsejar a los demás. Esos principios tienen que llegar a formar parte de nuestra vida. Deben expresarse en nuestras acciones. La forma en la que miramos a los demás, el modo en que caminamos, cómo nos sentamos y la manera en la que nos comportamos: todo debe reflejar el conocimiento espiritual. Los estudiantes suelen hacer exámenes que están programados para una determinada hora en un determinado día; pero la verdadera prueba del nivel de un estudiante es su comportamiento en un examen sorpresa.

Amma recuerda una historia. Un grupo de estudiantes de un gurukula[13] había terminado sus estudios. Tenían que aprobar un examen más que les ponía el guru para conseguir el título. Cuando los estudiantes se dirigían rápidamente hacia la ermita del guru para realizar el examen final, pasaron por una estrecha senda llena de espinas. Algunos de los estudiantes maldijeron su suerte y pisaron las espinas. Otros fueron por un borde de la senda, intentando no pisarlas. Pero un estudiante humilde les dijo a los demás:

—Estas espinas pueden pincharles los pies a las personas que pasen por aquí. Ahora todavía hay luz, pero pronto anochecerá.

---

[13] Literalmente, el clan (kula) del preceptor (guru). Escuela tradicional en la que los estudiantes permanecían con el guru para el estudio de las escrituras.

Cuando esté oscuro, será difícil encontrar las espinas. Si todos trabajamos juntos podemos quitar las espinas en un momento.

Pero nadie estaba dispuesto a ayudarle.

—El examen va a empezar. Si llegamos tarde, el guru se disgustará. Tenemos que llegar pronto a su ermita.

Tras decir aquello, los estudiantes se fueron rápidamente.

El discípulo empezó a recoger y tirar las espinas solo. No se detuvo ni siquiera al pincharse las manos con las espinas. En cuanto hubo quitado la última espina, sintió que alguien lo levantaba por los hombros. Era el guru. Abrazó cálidamente al discípulo y dijo:

—Yo fui el que esparció las espinas en el camino para examinaros a todos. Tú eres el único estudiante que ha aprobado el examen.

¿Cuál es la esencia de esta historia? A los demás estudiantes les preocupaban más las preguntas que el maestro pudiera plantear y las respuestas a esas preguntas. El aprendizaje no había iluminado su vida. Pero ese discípulo había transformado su vida con el conocimiento adquirido. El corazón de la espiritualidad consiste en anteponer a los demás a uno mismo en lugar de preocuparse por el «yo» y «lo mío», y de ese modo conseguir un corazón más amplio. Se empiezan a ver los problemas de los demás como propios y a sentir su dolor como mío. En realidad, quitando las espinas del camino de los demás, se están sembrando flores en el propio camino. No hace falta sembrar de flores nuestro camino; lo hará la naturaleza. El buen discípulo no responde a las preguntas del maestro con palabras, sino con su vida. Por tanto, sus tendencias y su egoísmo decaen. Solo cuando la cáscara exterior del ego se rompa podremos encontrar en el interior el verdadero «yo». Cuando encontremos el verdadero «yo», veremos el Yo Supremo en todo. De ese modo, nuestra vida quedará plenamente realizada.

67. La intolerancia religiosa

Una vez, un célebre pintor dibujó un retrato de una bella joven. Todos los que veían el cuadro quedaban cautivados por su belleza. Unos cuantos le preguntaron si era su novia. Cuando les dijo que no, todos quisieron hacerla suya. Presionaron al pintor para que les revelara dónde vivía la chica. El pintor dijo:

—Mirad, no la he visto nunca. La belleza que veis en el retrato no pertenece a ningún individuo. El cuadro es una composición de ojos, nariz y otros rasgos físicos de personas que he visto. Aunque busquéis por todo el planeta, nunca encontraréis a esta mujer.

Pero no le creyeron, y replicaron enfadados:

—¡Estás mintiendo! Es una táctica que estás usando para que sea tuya.

El pintor intentó hacerles entender de nuevo, pero sus esfuerzos resultaron inútiles. El deseo de aquellos hombres de poseer a la joven se volvió aún más fuerte. Todos decían:

—¡La quiero para mí, y la haré mía!

Aquello acabó en una pelea en la que todos se atacaron mutuamente con armas. Finalmente, todos acabaron muertos.

Los creyentes actuales son como los admiradores que querían poseer a la joven del retrato. Se esfuerzan por encontrar a Dios a través de los caminos prescritos por sus textos religiosos. Creen ciegamente que solo su Dios y su camino son verdaderos. Pero Dios es la verdad sin forma. Hay muchas maneras de llegar a Él. En lugar de comprenderlo, luchan y compiten entre sí, pero nunca encuentran a Dios.

Cada uno de nosotros ve el mundo a través de lentes de distintos colores. Si miramos por la lente del odio y el sectarismo, solo veremos enemigos por todas partes. Nunca seremos capaces de ver a los seres humanos como seres humanos. Pero, si miramos el mundo con la lente del amor y la compasión, seremos capaces de ver que el universo entero está lleno del amor y la belleza divinos.

Amma cree que si alguna religión enseña a sus creyentes a considerar que los adeptos de las demás fes y los devotos de otros dioses son como diablos, esa no es una verdadera religión, sino mera intolerancia. En realidad, los principios fundamentales de todas las religiones son el amor, la compasión y la unidad. Debemos esforzarnos por asimilar esos principios en nuestra vida.

68. La verdadera oración – 1

Hijos, la oración es la mejor práctica espiritual para abrir el corazón a Dios y crear un vínculo emocional con Él. Es como un puente que conecta al jīvātmā (el yo individual) con el Paramātmā (el Yo Supremo). Cuando un niño vuelve a casa del colegio, tira la bolsa escolar, corre hacia su madre y le cuenta con entusiasmo lo que le ha pasado en la escuela ese día, las historias que ha contado la maestra y lo que ha visto en el camino de vuelta a casa. Del mismo modo, la oración ayuda a cultivar una relación sincera con Dios. Contarle todo nos ayuda a descargar el corazón.

Hay que cultivar la actitud de que Dios es el único refugio. Hay que considerarle nuestro mejor amigo, que siempre está con nosotros, cuando lo necesitamos y cuando no. Cuando le abrimos el corazón a Dios, nos elevamos sin darnos cuenta a las cumbres de la devoción. Pero actualmente no hay muchas personas que hayan entendido este beneficio de la oración. Para muchos, orar significa pedirle a Dios que satisfaga nuestros deseos. Eso no es amar a Dios. Es amar nuestros objetos de deseo.

En nuestros días, hay gente que incluso pide que otros sufran daño. Un devoto nunca debe pensar en perjudicar a los demás. «Dios, que no haga el mal. Por favor, dame la fuerza necesaria para perdonar a los demás por sus malas acciones. Perdóname por mis pecados. Por favor, bendice a todos con bondad». Esa debe ser nuestra oración. Rezar así nos da paz. Las vibraciones procedentes de estas oraciones pueden purificar incluso el ambiente. Un ambiente puro tiene un efecto beneficioso sobre la vida de la gente.

La oración ideal es la que pide el bien del mundo. Lo que hace falta en este momento es oración desinteresada. Cuando tomamos una flor para realizar una pūjā (adoración), sabiéndolo o sin saberlo somos los primeros en disfrutar de su belleza y su fragancia. Cuando pedimos por el bien del mundo, el corazón se expande. Además, nuestras oraciones benefician al mundo.

Como la vela se derrite al iluminar a otros, el verdadero devoto anhela realizar sacrificios personales para ayudar a los demás. Su meta es conseguir una mente que esté dispuesta a olvidar las dificultades personales intentando hacer felices a los demás. Esa es la verdadera oración. Las personas que tengan una mente así no necesitan ir a ningún lugar en busca de Dios. Dios vendrá a buscarlos a ellos. Dios estará siempre con ellos como su apoyo y su fuerza.

69. La verdadera oración – 2

Hijos, algunas personas preguntan si rezar y cantar bhajans no es una mera exhibición de emoción y debilidad. La oración y los bhajans no son en absoluto síntomas de debilidad mental. No son una mera exhibición sino un medio práctico para descargar la mente y despertar el corazón. Igual que abriendo la válvula de una olla a presión se libera vapor, la oración es un medio científico para reducir el conflicto y la presión interiores.

La verdadera oración es un diálogo de corazón a corazón entre Dios y el devoto. En esa comunión, el devoto experimenta dicha en todo momento. Cuando dos personas que se quieren hablan profundamente entre ellas, no se aburren en absoluto por mucho que dure la conversación. No sienten nunca que su conversación sea una mera acción.

La oración es, en realidad, un diálogo con el amante interior. Más aún, es ser capaz de distinguir lo eterno de lo efímero. La esencia de la oración es esta: «Tú eres el Yo Supremo, el Paramātmā, no el yo individual, el jivātmā. No tienes que apenarte en absoluto, porque la dicha es tu naturaleza».

Mediante la devoción, no estamos buscando a un Dios en los cielos sino esforzándonos por ver la divinidad en todo lo móvil y lo inmóvil. Un devoto no deambula en busca de Dios. El objetivo de la oración es ayudarle a conocer a Dios, que brilla en su interior como la luz eterna.

Cuando una bombilla de cien vatios de la cocina se cubre de hollín, su luz se vuelve más débil que la de una bombilla de cero vatios. Pero, si le quitamos el hollín, la bombilla vuelve a emitir una luz brillante. Igualmente, la oración es un medio para librarse de las impurezas mentales que velan nuestra divinidad interior.

Como el camino del conocimiento, el camino de la devoción también lleva a la experiencia del conocimiento del Yo Supremo. Un niño llevaba un medicamento a su padre, que estaba enfermo en cama. Cuando llegó al dormitorio, se apagaron de repente las luces. No podía ver nada. El niño tocó la pared y pensó: «No, no es esto». Tocó la puerta y pensó: «No, no es esto». Tocó la mesa y pensó: «No, no es esto». Tocó la cama y pensó: «No, no es esto». Por fin, tocó a su padre y pensó: «¡Papá!». Había llegado a su padre por un proceso de negación. La devoción es justo así. El devoto no acepta nada que no sea Dios. Solo piensa en Dios. Mientras los buscadores que recorren el camino del conocimiento dicen «yo no soy el cuerpo, la mente o el intelecto, sino el Yo Supremo», el devoto dice «yo le pertenezco a Dios. Él ha manifestado la creación entera».

Por la oración, conseguimos la intuición de que todo es Dios. El devoto que ve a Dios en todas partes se olvida de sí mismo. Pierde completamente su individualidad limitada y se vuelve uno con Dios. Su misma vida se convierte en una oración.

70. La adoración mental

Hijos, algunas personas adoran el Dios sin forma. Otros adoran a Dios en imágenes y otras formas simbólicas. La meta de ambas clases de adoración es enfocar la mente en Dios. A la mente le resulta difícil concentrarse incluso un momento. La mānasa-pūjā o adoración realizada mentalmente es la forma más fácil de atar a Dios la inquieta mente, sin apoyarse en medios externos.

La mente tiende a identificarse con cualquier cosa en la que piensa. Esa tendencia es la que se aprovecha durante la mānasa-pūjā. Por eso es más fácil conseguir una concentración unidireccional en la mānasa-pūjā que en una pūjā (adoración ritual) corriente. En la mānasa-pūjā, primero hay que visualizar a nuestra deidad amada sentada en un trono en nuestro corazón. Igual que una madre baña a su hija, la seca, la viste, le peina el cabello, le adorna la frente con una marca y la prepara para la escuela, tenemos que imaginar que adoramos a nuestra deidad amada con la debida solemnidad y boato. Después hay que recitar los nombres de Dios o rezarle a la deidad amada.

Al Señor no le importa la grandeza de la pūjā. Lo que quiere es un corazón lleno de entrega. Solo un corazón así le satisface.

Amma recuerda una historia. Una vez, un sacerdote adoró a Dios con muchas clases de flores. Después, le preguntó:

—Señor, ¿estás satisfecho? ¿Tengo que hacer alguna otra ofrenda?

El sacerdote se sentía orgulloso, pensando que había hecho algo grande y había realizado todas las ofrendas posibles. El Señor dijo:

—Te falta ofrecer una flor más.

—¿Qué flor es? —preguntó el sacerdote.

—La flor del corazón —respondió el Señor.

—Señor, ¿dónde puedo encontrar esa flor? —preguntó el sacerdote.

—Cerca de ti —dijo el Señor.

Se refería a la flor que es el corazón. Pero el sacerdote no lo entendió y se puso a buscar una flor del corazón. Buscó por todas partes, pero no la encontró. Finalmente, cayó a los pies del Señor y le dijo:

—Señor, no he podido encontrar la flor del corazón en ninguna parte. Solo puedo ofrecerte mi corazón. Por favor, conténtate con esta ofrenda.

El Señor dijo:

—Esa es la flor del corazón a la que me refería. La flor que más me gusta es la de la inocencia. Aunque gastaras muchos millones de rupias y realizaras cientos de pūjās, no experimentarías mi presencia ni un instante. Lo que quiero es tu corazón inocente, no tus pūjās o tu riqueza.

La meta de todas las prácticas espirituales es adquirir concentración unidireccional en Dios. La mānasa-pūjā puede ayudarnos a conseguir fácilmente esa concentración.

71. Vivir en el momento presente

Hijos, la mente permanece raras veces en el momento presente. Suele estar pensando en acontecimientos pasados o que están por llegar. Lo único que tenemos es el momento presente. Es como dinero en nuestras manos. Podemos gastarlo inteligente o neciamente.

A menudo nos perturban las penas, las tristezas y las culpas del pasado. Darle vueltas al pasado es como abrazar un cadáver en descomposición. Si, por el contrario, pensamos y pensamos sobre el futuro, no somos capaces de disfrutar de la paz y la satisfacción del momento presente. Quien se tumba a dormir cerca del escondrijo de una serpiente no puede cerrar los ojos pacíficamente ni un instante por el miedo. Del mismo modo, los temores y las ansiedades sobre el futuro privan a la mente de paz. Paralizan cualquier talento que tengamos. Algunos hijos bailan con gran sentimiento en casa, pero el miedo les atenaza cuando actúan en un escenario y acaban bailando como si el escenario se estuviera tambaleando. No son capaces de expresar ninguna emoción facial. El miedo interior destruye la belleza emotiva de la danza.

Vivir en el presente significa actuar sabiamente en cada momento sin preocuparse por el pasado o el futuro. La atención con que actuamos en el momento presente es lo que determina lo brillante que vaya a ser nuestro futuro. Por eso, cada momento es valioso.

Había un niño que se pasaba todo el tiempo viendo la televisión. Siempre que sus padres le decían que estudiara, respondía:

—Los exámenes están en el futuro, ¿verdad? Los sabios dicen que no hay que preocuparse por el futuro sino ser feliz en el presente. Estudiar no me gusta nada. Estoy viendo la tele para poder estar contento en el momento presente.

Sus padres llevaron al niño a un guru que le dijo:

—Hijo, vivir en el presente significa usar el momento presente de la manera más eficaz. Si lo haces, podrás vivir felizmente siempre. Pero, si pierdes el tiempo con placeres pasajeros, lo lamentarás el resto de tu vida. Si ves la tele todo el tiempo, ni siquiera serás capaz de ganar bastante dinero para comprarte una tele. Por eso, tienes que usar cuidadosamente todos los momentos. El presente es lo que configura y salvaguarda el futuro. Mientras estudies, concéntrate en los estudios. Mientras juegues, disfruta del juego. Mientras reces, reza con toda seriedad.

El momento presente es un regalo inestimable de Dios. Si actuamos prestando atención en el presente, nos espera un futuro prometedor.

72. La vida es un campo de entrenamiento

Hijos, queremos que los demás se comporten cariñosa y pacientemente con nosotros. Si nos parece que su conducta no es así, no dudaremos en criticarlos, reprenderlos y juzgarlos duramente. Pero muchos de nosotros olvidamos que los demás también esperan que nosotros nos comportemos digna y ejemplarmente.

Si estamos en un atasco, tocamos el claxon continuamente para que el coche que está delante se mueva. Maldecimos al conductor, como si fuera el causante del atasco. Al mismo tiempo, le decimos al conductor que viene detrás: «¡Eh! ¿Por qué tanta impaciencia? ¿No ves el atasco? Por favor, ten paciencia».

La vida es un campo de entrenamiento para mejorar. Cuando vemos a alguien haciendo algo mal, tenemos que aprender a no cometer nosotros el mismo error. Igualmente, cuando vemos que alguien hace el bien, hay que aspirar a comportarse como esa persona y esforzarse por hacer el bien. Cultivar esas actitudes nos ayuda a mejorar y crecer.

La mayoría de nosotros no estamos dispuestos a vivir con veracidad, pero no podemos perdonar nunca la falsedad de los demás. Un ladrón mueve un cuchillo amenazadoramente ante un padre de familia y le dice:

—¿Dónde tienes guardados el oro, las demás joyas y el dinero? Dime la verdad o te mato.

Hasta un ladrón espera que los demás le digan la verdad.

Una vez, un hombre le dijo a un asistente social:

—Quiero ser asistente social como tú.

El asistente social le dijo:

—No es tan fácil. Tienes que hacer muchos sacrificios. Tienes que estar dispuesto a darles a los pobres lo que es tuyo.

—Estoy dispuesto a hacer cualquier sacrificio.

—Si tienes dos coches, tienes que estar dispuesto a donar uno.

—¿Por qué no? ¡Sin duda!

—Si tienes dos casas, tienes que dar una.

—Desde luego.

—Si tienes dos vacas, debes dar una a alguien que no tenga ninguna.

—No, eso no puedo hacerlo.

—¿Por qué no? No has dudado en dar un coche y una casa. ¿Por qué vacilas en dar la vaca?

—Porque no tengo dos coches ni dos casas, pero sí que tengo dos vacas.

En una mente egoísta no hay lugar para el idealismo. El idealismo se refleja en todos los pensamientos, las palabras y las acciones de quien ha logrado vencer el egoísmo. Más que cualquier predicación, es nuestra práctica del ideal lo que ayuda a los demás a asimilarlo.

73. La necesidad de un guru

Hijos, las escrituras dicen que Dios está en nuestro interior y que no está separado de nosotros. Siendo así, algunas personas pueden preguntarse para qué hace falta un guru. Dios está dentro de nosotros, pero para experimentarlo tenemos que contar con un guru que nos ayude a eliminar nuestro ego. Solo alguien que esté despierto puede despertar a alguien que esté profundamente dormido. Aunque una mecha contenga todo lo necesario para ser encendida, seguimos necesitando una astilla prendida para encenderla. Del mismo modo, necesitamos la ayuda de un maestro iluminado espiritualmente para experimentar a Dios en nuestro interior.

Si excavamos para hacer un pozo en ciertos lugares, no seremos capaces de encontrar agua por mucho que profundicemos. Pero, si excavamos cerca de un río, hallaremos agua en cuanto profundicemos un poco. Igualmente, las buenas cualidades y los talentos del discípulo se manifiestan pronto en la presencia del guru.

El guru crea distintas situaciones para ayudar al discípulo a librarse de la pereza, superar las vāsanās (tendencias latentes) y capacitarle para conocer la Verdad. Una vez, un guru y su discípulo estaban volviendo a su āśhram después de una peregrinación. A medio camino, el discípulo dijo:

—Guru, ¡no puedo dar ni un paso más! Voy a descansar un rato debajo de este baniano.

El maestro insistió en que siguieran, pero el discípulo se negó. El maestro continuó el viaje solo. Vio a algunas personas trabajando en un campo que estaba junto al camino. Los hijos de aquella gente estaban jugando al lado. Un bebé dormía profundamente en el suelo. Sin que se dieran cuenta, el guru tomó al bebé y lo colocó al lado de su discípulo, que estaba dormido debajo del árbol. Después, el guru se escondió.

Cuando los trabajadores se dieron cuenta de que faltaba el bebé, se produjo el caos. Empezaron a correr de un lado a otro buscando al bebé. Oyendo la conmoción, el discípulo se despertó. Los trabajadores le preguntaron, muy enfadados:

—¿Nos has robado al bebé?

Estaban a punto de lanzarse sobre él. El discípulo se levantó de un salto, salió corriendo para salvarse y pronto llegó al āśhram. El guru fue caminando tranquilamente y, cuando llegó al āśhram, encontró al discípulo dormido, agotado. El guru le dijo:

—Decías que no podías dar ni un paso más, pero has llegado al āśhram antes que yo.

Cuando el discípulo se muestra reacio a obedecer las palabras del guru, este hace todo lo que haga falta para devolverle al buen camino.

Actualmente, somos esclavos de la mente y los órganos sensoriales; pero, si obedecemos las instrucciones del guru, nos liberaremos de esta esclavitud para siempre.

La presencia del guru

Hijos, ¿hace falta un guru para alcanzar la meta espiritual? Muchas personas se preguntan si la obediencia al guru es una esclavitud. Ahora somos como el rey que se lamenta porque ha soñado que era un mendigo. El guru nos despierta del sueño de la ignorancia que produce sufrimiento.

Si alguien nos recita el primer verso de un poema que hayamos aprendido de pequeños, pero que ya hayamos olvidado, el recuerdo de los demás versos llegará corriendo. Del mismo modo, nos encontramos en un estado de olvido espiritual. El consejo del guru tiene el poder de despertarnos de ese olvido.

Hay un árbol dentro de la semilla que solo nacerá si la semilla se entierra bajo el suelo y la cáscara se rompe y se abre. Igualmente, aunque somos manifestaciones de la Verdad Suprema, solo la experimentaremos cuando nuestro ego se rompa y se abra. El guru creará circunstancias que trituren el ego. Una planta solo puede convertirse en un árbol si el tiempo atmosférico es favorable, si recibe suficiente agua y abono en el momento adecuado y si tiene protección contra las plagas y los insectos. Igualmente, el guru provoca circunstancias favorables para el crecimiento espiritual del discípulo. Protege al discípulo en todo momento.

Como un filtro de agua, el guru nos purifica la mente y elimina nuestro ego. Estamos esclavizados por el ego en todas las situaciones y no actuamos con discernimiento. Una vez, un ladrón entró en una casa y la gente que vivía en ella se despertó. El ladrón huyó y los habitantes empezaron a gritar:

—¡Allá va el ladrón! ¡Capturadlo!

Los vecinos se pusieron a correr detrás del ladrón. Mientras el número de perseguidores crecía, el ladrón se unió al grupo y se puso a gritar como ellos:

—¡Allí va! ¡Agarradlo!

De ese modo, nadie pudo identificarlo o detenerlo. Del mismo modo, cuando el ego interior levanta la cabeza, el discípulo no puede percibirlo ni detenerlo por sí mismo. Tiene que someterse a un guru.

El guru se esfuerza continuamente por arrancar de raíz la sensación de «yo» del discípulo. Obedecer las palabras del guru no es esclavitud sino el camino hacia la libertad eterna y la dicha perdurable. El guru solo tiene una meta: liberar al discípulo del dolor. El discípulo podría sentirse molesto cuando el guru le riñe, pero tiene que recordar que el guru solo lo hace para eliminar sus vāsanās y despertarlo a su verdadera naturaleza. Cuando las vāsanās se arrancan, duele un poco. Hay que presionar primero el pus de una herida infectada para que salga y curarla. Incluso puede que el médico tenga que practicar una incisión para drenar la herida. Podemos pensar que el médico está siendo cruel. Pero, si se compadece del paciente y solo pone un medicamento sin sacar el pus, la herida no se curará. Igualmente, la reprimenda del guru puede herir al discípulo. Sin embargo, el único objetivo del guru es debilitar sus vāsanās.

El guru no es solo un individuo sino el Yo Supremo. Es la personificación de ideales como la verdad, el dharma (rectitud), la renuncia y el amor. En su presencia, el discípulo puede asimilar esos ideales y elevarse. Tal es la grandeza de su presencia.

El verdadero guru

Hijos, la relación humana más noble es la que se establece entre el guru y el discípulo. En la cultura india ocupa el lugar más elevado. Pero actualmente hay muchos que no han entendido correctamente esa relación. Algunas personas preguntan: «¿No son la obediencia y la humildad ante el guru una forma de esclavitud?». La sensación de «yo» debe irse para comprender la Verdad. Al discípulo le resulta difícil erradicar solo esa sensación mediante la práctica espiritual. Debe realizar prácticas espirituales bajo la guía del guru. Inclinando la cabeza ante el guru, el discípulo no está rindiendo homenaje al individuo sino al ideal que encarna.

Obedecer y respetar a nuestros padres, maestros y mayores nos ayuda a crecer. Igualmente, obedeciendo al guru, la visión del discípulo se amplía.

El guru puede ser estricto con el discípulo, pero es solo por su bien. Si un niño intenta poner las manos en el fuego, la madre puede hasta pegarle. ¿Lo hace porque lo odia? De ninguna manera. Es para salvar al niño del peligro. Si un verdadero guru riñe a sus discípulos, es solo porque se toma en serio el progreso espiritual del discípulo.

Cuando viajamos en avión debemos llevar puesto el cinturón de seguridad. No es para limitar nuestra independencia, sino para garantizar nuestra seguridad. Del mismo modo, el guru solo le aconseja al discípulo practicar los yamas y los niyamas (preceptos éticos) y otras reglas para su progreso espiritual y porque le protegen de los peligros.

Si alguien ve a un hombre cortando hojas de papel de colores, puede que le pregunte: «¿Por qué estás rompiendo estas hojas de colores y desperdiciándolas?», sin saber que, en realidad, es un artista que hace flores de papel. El artista ve algo en esos trozos de papel que los demás no pueden ver. Del mismo modo, el guru ve en el discípulo algo que él mismo no puede ver. El guru solo se comporta severamente y reprende al discípulo para ayudarlo a manifestar el Yo Supremo interior.

Lo que convierte cualquier experiencia en dolorosa o gozosa es nuestra actitud. La idea de que un niño va a nacer al cabo de nueve meses convierte el embarazo en una experiencia gozosa para la futura madre. Igualmente, un discípulo que recuerda la meta espiritual no considera nunca un acoso las reprimendas o los castigos del guru.

Un verdadero maestro no ve nunca al discípulo como un esclavo. El corazón del guru está lleno de amor por su discípulo. Anhela ver al discípulo teniendo éxito, aunque eso signifique su propia derrota. Un verdadero maestro es superior hasta a la mejor de las madres.

La disciplina del guru

Hijos, en la vida espiritual se concede una importancia considerable a la cercanía al guru y a su disciplina. La presencia y las palabras del guru hacen nacer en el discípulo buenas cualidades como la paciencia, aunque él o ella no se den cuenta. El guru lo guía en situaciones que suscitan esas cualidades. Le hará realizar trabajos que no le gustan. El discípulo podría desobedecer. Entonces el guru le aconseja y sus palabras inspiran al discípulo a reflexionar sobre las mismas. Así encuentra la fuerza interior necesaria para superar las situaciones difíciles.

El amor es el purificador más poderoso del corazón humano. Solo el amor del guru es completamente desinteresado. Aunque el mundo entero odie a una persona, su guru no lo hará. Nunca lo abandonará.

Una vez, un guru adoptó a un huérfano y lo crió cariñosamente. Los demás discípulos pensaban que estaba derramando demasiado amor y cariño sobre el niño. Les entraron celos. Al crecer, el niño adoptado aprendió malas costumbres y se aficionó a muchos vicios. Aun entonces, el amor del guru no disminuyó. Los demás discípulos no podían seguir tolerándolo. Simplemente, no entendían por qué el guru le demostraba tanto amor a ese granuja. Una noche, un discípulo le dijo al guru:

—Tu querido hijo se ha desmayado después de beber alcohol y está tumbado en la calle.

Sin decir una palabra, el guru salió del āśhram. Tras caminar un rato, vio al chico yaciendo inconsciente al borde del camino sobre la gélida nieve. Ni siquiera llevaba ropa de abrigo. El guru se quitó su chal de lana, cubrió con él al discípulo y regresó al āśhram. A la mañana siguiente, recuperó temprano la conciencia. Cuando notó el chal que le cubría, se sintió avergonzado: «¡Es el chal de mi guru!». Abrumado por el remordimiento, se puso a llorar y volvió corriendo al āśhram. Cayó postrado a los pies del guru y le lavó los pies con sus lágrimas. Esas lágrimas también le purificaron el corazón. En el chico que todos habían despreciado se produjo una transformación. Incluso llegó a convertirse en un modelo para los demás discípulos.

El guru, que conoce el samskāra (impresiones mentales o rasgos de personalidad) de sus discípulos, actúa según su intuición divina. Por eso, antes de evaluar las acciones del guru, hay que reconocer nuestras propias limitaciones. El guru sabe lo que hace falta para el crecimiento del discípulo y actúa en consecuencia. Guía al discípulo hacia la meta haciéndole consciente, en todo momento, de la grandeza de la vida.

La grandeza del guru

Hijos, algunas personas preguntan: «Si el guru y Dios están en nuestro interior, ¿para qué necesitamos un guru externo?». Es cierto que tanto el guru como Dios están dentro de nosotros. Sin embargo, la mayor parte de las personas no son capaces de experimentar el Dios interior o de asimilar las instrucciones del guru interior por su cuenta. A excepción de poquísimos que han nacido con una elevada predisposición espiritual obtenida en vidas anteriores, nadie puede experimentar la Verdad sin la ayuda de un satguru en forma humana. El satguru es una manifestación visible de Dios. Pero el lugar del satguru es aún más elevado que el de Dios porque es el guru quien guía al discípulo, que está atado por innumerables defectos y tendencias latentes, con máxima paciencia y compasión.

El escultor ve con el ojo de la mente la estatua que se oculta dentro de la roca. La estatua se revela cuando el escultor quita con el cincel las partes no deseadas. Del mismo modo, el guru saca a la luz la esencia pura de la divinidad que está oculta dentro del discípulo. Cuando el discípulo realiza prácticas espirituales siguiendo las instrucciones del guru, sus impurezas desaparecen y la Verdad queda revelada. Es similar a lo que sucede si colocamos una estatua cubierta de cera cerca del fuego: la cera se derrite, dejando la estatua a la vista.

Ahora, aunque decimos que estamos despiertos, en realidad no estamos completamente despiertos sino medio dormidos o medio conscientes. Hace falta la ayuda del guru para despertarnos por completo.

Aunque la lluvia caiga sobre la cima de la montaña, la misma fluye hacia abajo. Así es también la mente. Nos puede parecer momentáneamente que la mente se encuentra en un reino elevado, pero al cabo de unos segundos empieza a hundirse. Por muchas escrituras que estudiemos, la mente se apegará a uno u otro objeto sensible, sin que nos demos cuenta. El guru conoce bien tanto los defectos de la mente como los medios para superarlos. La naturaleza del agua es fluir hacia abajo; pero esa misma agua se eleva como vapor al evaporarse. Igualmente, el guru sabe que puede elevar la mente del discípulo a grandes alturas despertando su conciencia. El objetivo del guru es encender la conciencia del discípulo y se esfuerza incansablemente por hacerlo. Cuando la conciencia se ha prendido, es decir, cuando el guru interior se ha despertado, el discípulo ya no necesita al guru exterior.

Cada palabra pronunciada por alguien cuya conciencia está iluminada es un satsaṅg. Todos sus actos son una oración y una meditación. Cada una de sus respiraciones beneficia al mundo.

74. Sonreíd siempre, incluso durante una crisis

Hijos, hay que ser capaz de afrontar todas las crisis de la vida con una sonrisa. Riamos o lloremos, la vida sigue. Siendo así, ¿no es mejor vivir con una sonrisa? La sonrisa es la música del alma.

La felicidad también es una decisión como cualquier otra. Si decidimos ser felices pase lo que pase, indudablemente podemos crear un ambiente de gozo en nuestra vida. La mera presencia de alguien que está siempre alegre despierta la alegría en los demás.

Alguien podría preguntar: «¿Cómo se puede sonreír cuando se está afrontando una experiencia dolorosa o un contratiempo importante en la vida?». Afrontar los problemas con una sonrisa no significa que no vayamos a sufrir nunca experiencias dolorosas. En la vida habrá penas y fracasos, pero nunca deben hacernos perder el valor, la entereza y una fe optimista. Aunque perdamos estas cualidades, debemos ser capaces de recuperarlas rápidamente. Muchas personas empiezan a darle vueltas, a echarles la culpa a los demás y a desesperarse cuando sufren pequeños contratiempos. Pero también hay personas que siguen adelante con valentía y optimismo, incluso ante sufrimientos intensos. Eso es lo que significa sonreír hasta en las crisis.

Algunos celebran también los desastres como si fueran fiestas. Kṛiṣhṇa era conocido por la sonrisa que nunca abandonaba su rostro. En algunos países, los cadáveres se llevan al cementerio en una procesión con cánticos y bailes. De ese modo, transforman la muerte en una celebración.

Algunas personas argumentan que quienes han llegado a las cumbres de la espiritualidad pueden vivir con una sonrisa constante, pero que la gente corriente no puede afrontar tanto la alegría como la pena con una sonrisa. Sonreír durante una crisis no significa reprimir el dolor, sino no hundirse bajo ninguna circunstancia. Se trata de superar, no de reprimir. No tiene nada de malo expresar la pena cuando estamos tristes, pero no hay que quedarse atascado en ese estado. Debemos reponernos y seguir adelante.

Una sonrisa no es solo estirar los músculos de la cara. Cualquier acción que beneficie a uno mismo y a la sociedad es verdaderamente una sonrisa. Aunque una persona que realice buenas acciones no exhiba una sonrisa externa, su corazón bondadoso es una gran sonrisa. En realidad, hay una sonrisa en cada una de nuestras buenas acciones y nuestras palabras cariñosas. Una sonrisa que brote de un corazón bondadoso consuela e inspira. Es una medicina que cura todas las heridas.

75. La espiritualidad

Hijos, la espiritualidad es el conocimiento de sí mismo. Es la percepción de la propia naturaleza. No sirve de nada ser rey si la persona no sabe que es rey. Aunque haya piedras preciosas de un valor incalculable bajo la choza de un mendigo, el hombre seguirá siendo mendigo mientras no sepa nada del tesoro. La mayoría de nosotros nos encontramos en una situación parecida. La gente se hace daño entre sí por la riqueza y los placeres sensibles. También destruye la naturaleza. Hay que descender a su nivel para elevar a esas personas.

Una vez, un hechicero que iba extrañamente ataviado llegó a un pueblo. Los aldeanos empezaron a burlarse de él. Cuando la mofa subió de grado, el hechicero se enfadó. Murmuró unos mantras y en su mano apareció un puñado de ceniza. Lo echó en el pozo del pueblo. Maldijo a todos los que bebieran de ese pozo para que se volvieran locos. Tras beber el agua del pozo, todos los aldeanos se volvieron locos. Solo el alcalde del pueblo siguió estando cuerdo porque no bebía agua más que de su propio pozo. Los demás aldeanos gritaban cualquier cosa que se les ocurría, bailaban y montaban un buen jaleo. Cuando vieron que el alcalde no se comportaba como ellos, se quedaron asombrados. Su conducta era tan distinta a la suya que llegaron a la conclusión de que estaba loco. Intentaron atraparlo y atarlo. Era una escena completamente caótica. De alguna manera, el hombre consiguió escapar de sus garras. Pensó: «Todos los aldeanos están locos. No me van a dejar tranquilo si me comporto de otra manera, Si quiero seguir viviendo aquí para ayudarles a recuperarse, no tengo alternativa: debo comportarme como ellos. Hay que vestirse de ladrón para atrapar a un ladrón». El alcalde se puso a gritar y bailar como los demás. Los aldeanos suspiraron aliviados al ver que el alcalde se había vuelto normal.

El alcalde hizo excavar otro pozo y animó a los aldeanos a beber agua de allí. Poco a poco, recuperaron la cordura.

Los mahātmās (almas iluminadas espiritualmente) son como el alcalde de esta historia. Aunque sirven a los demás sin expectativa alguna, la gente puede burlarse de ellos e incluso llamarlos lunáticos. No es que les preocupen esos obstáculos, dado que la alabanza y el insulto son lo mismo para ellos. Descienden al nivel de la gente y los enseñan a servir sin expectativas y a amar sin deseo con su ejemplo.

La espiritualidad no es solo creer en Dios o realizar ritos religiosos. Si la religión debe ser un puente que una los corazones humanos en lugar de crear barreras entre la gente, debemos ir más allá de las costumbres y prácticas externas para asimilar la esencia de la espiritualidad. Solo entonces el dharma (rectitud), los valores elevados y la actitud de servicio desinteresado prevalecerán en la sociedad.

76. La responsabilidad de los medios de comunicación

Hijos, los periódicos y la televisión son ahora una parte indispensable de la vida. Podríamos incluso afirmar que los medios de comunicación conectan a la humanidad de todo el planeta. Son espejos de nuestro país y del mundo. Lo que es más, son un faro para la sociedad. Los medios configuran la opinión pública. Por eso, tienen una gran responsabilidad respecto a la sociedad.

Los medios deben ser una herramienta para depurar la mente pública. La creciente violencia, injusticia, corrupción, conflicto y otros problemas sociales son creación nuestra. Todos los problemas empiezan primero en la mente. Por esa misma razón, nuestro primer deber es purificar la mente.

El samskāra comprende la bondad, los valores elevados, las costumbres edificantes y la conciencia de lo que está bien. El deber de los medios es desvelar la verdad y denunciar la maldad. Deben enseñar al público a distinguir entre el bien y el mal. Actualmente, la mayor parte de los periódicos y demás medios no se mantienen neutrales cuando presentan noticias y otros programas, sino que se alinean con un bando o con el otro. Eso está lejos de ser ideal. Los medios deben promover el dharma (rectitud) y el samskāra. Deben despertar a una sociedad que está adormecida e inculcar discernimiento y samskāra a la gente.

En lugar de dar una cobertura indebida a las tendencias negativas, creando de ese modo confusión, los medios deben subrayar los aspectos buenos y ejemplares de la sociedad. En lugar de adormecer a la gente en un estado de letargo, las secciones de noticias y entretenimiento deben guiarlos hacia la música eterna de la vigilancia.

La India y su tierra tienen un aroma especial: la fragancia eterna de valores como la renuncia, el amor, la ascesis y la espiritualidad. El vínculo amoroso entre padres e hijos, la veneración que la gente tiene a los gurus y las relaciones sanas con los vecinos: esa es nuestra riqueza. Hasta nuestras formas de expresión artística eran modos de adoración. Lo que hace falta es un entretenimiento y un conocimiento que reconozcan esta gloriosa herencia y cultura. Solo entonces podremos modelar una sociedad ejemplar. La imitación ciega de Occidente solo agotará nuestra energía.

El lema de la vida de Bhārat (la India) es satyam, śhivam, sundaram, esto es, verdad, buenos auspicios y belleza. La responsabilidad fundamental de los medios es encontrar e interpretar la belleza en la vida humana y la naturaleza. Solo lo que es verdadero y propicio puede llevarnos a la verdadera belleza. No hay que centrarnos solo en lo que es popular sino también en lo que es bueno y beneficioso para la sociedad.

Que los medios sean capaces de ofrecer un conocimiento y un entretenimiento que estén arraigados en el dharma y el samskāra, y sean el motor de la transformación social.

77. Aceptar todo como un regalo de Dios

Hijos, es natural que la gente le eche la culpa a las circunstancias cuando experimenta fracasos en la vida. Todos le echamos la culpa a otras personas o circunstancias de nuestros fracasos, penas y dificultades. Pero, si reflexionamos sobre ello, nos daremos cuenta de que la razón fundamental de todos nuestros problemas está en nuestro interior. Si estamos dispuestos a mirar hacia adentro y reconocer nuestros defectos, seremos capaces de superar cualquier situación.

Supongamos que alguien tira basura desde el último piso de un edificio mientras caminamos por debajo y nos cae encima. Podemos enfadarnos con la persona por tirar los desperdicios tan descuidadamente. Pero, si vemos que no quería tirárnoslos encima, también podemos perdonarle.

Sin embargo, puede haber ocasiones en las que no tengamos más remedio que aceptar con calma determinadas situaciones, aunque sean desfavorables. Por ejemplo, imaginad que un mango podrido nos cae sobre la cabeza mientras paseamos por un huerto y sus jugos podridos nos resbalan por la frente y las mejillas. Suponed que nos enfadamos y maldecimos el mango y el árbol y después, aún más encendidos, también maldecimos la atracción gravitatoria de la Tierra. Estaríamos actuando como completos idiotas porque es natural que los mangos maduros se caigan de las ramas. Tenemos que aprender a aceptar esas situaciones sin reaccionar en absoluto.

Podemos solucionar la mayor parte de los problemas con nuestro propio esfuerzo. Cuando otros actúen mal, podemos reaccionar en su contra o perdonarlos; somos libres de hacer una cosa o la otra. Pero habrá determinadas situaciones que tendremos que aceptar como la voluntad de Dios o considerarlas una parte inevitable de la vida.

Cuando nos encontremos con fracasos y problemas, no debemos echarles la culpa a las circunstancias o a las demás personas. Por el contrario, tenemos que aprender a superar nuestras debilidades. Hay que encontrar los verdaderos motivos de nuestros fracasos y problemas. Al fracasar no hay que desesperarse, sino redoblar el esfuerzo. Si la situación se encuentra fuera de nuestro control, debemos aceptarla en lugar de afligirnos. En todas las circunstancias hay que resguardar nuestra presencia de ánimo como si fuera una joya inapreciable.

Cuando recibimos prasād[14] en el templo, puede que tenga algunas piedrecitas. Podemos quitarlas y comernos el prasād con devoción. Igualmente, hay que ser capaz de aceptar cualquier situación con prasāda-buddhi, con la actitud de que es un regalo de Dios. Esa actitud aumentará nuestro autocontrol y nuestra pureza mental. Además, seremos capaces de mantener la alegría.

[14] Ofrenda a Dios, generalmente de comida, que después se comparte entre los devotos como un regalo consagrado.

78. El miedo

Hijos, siempre sentimos miedo por una cosa u otra, y eso destruye cada instante. El miedo nos persigue estando despiertos o dormidos. Tenemos miedo de actuar y también de no hacer nada.

El miedo nos atenaza cuando nos parece que no podemos resolver los problemas. Magnificamos los problemas que afrontamos hoy y los que podríamos afrontar después, y empezamos a preocuparnos. Pero, si somos lo bastante valientes para dar un paso adelante, veremos que los problemas se vuelven más manejables. Casi siempre estamos preocupados por el futuro; pero, si miramos el pasado, vemos que la mayor parte de nuestros miedos carecían de fundamento.

Hay que estar asentados en la realidad. Cuando hemos entendido la naturaleza de todos los objetos, vemos que no hay que temerlos. Hace falta fuego para cocinar, evitar el frío, disipar la oscuridad y muchas más cosas; pero, si tocamos el fuego, nos quemamos la mano. De modo que, si entendemos su naturaleza y cómo usarlo adecuadamente, no tenemos que temer el fuego. Igualmente, las escrituras nos dicen cómo vivir comprendiendo el mundo. Si tenemos una perspectiva espiritual sobre la vida, no sucumbiremos al miedo sin necesidad.

No podemos renunciar por completo a todas nuestras necesidades y deseos, pero debemos dominar los deseos. Si no lo hacemos, el miedo nunca nos abandonará. Un hombre pidió un préstamo con intereses para construir una casa, pero no fue capaz de devolverlo. Los intereses se acumularon tanto que, aunque vendiera la casa, no podría pagar la deuda. Si hubiera pensado prudentemente cómo devolver el préstamo antes de pedirlo, habría podido evitar ese apuro. Por eso, hay que distinguir entre necesidades y lujos.

Un temor abrumador hace más mal que bien. El miedo puede petrificar la mente y limitar nuestra destreza a la hora de actuar. Dos niños estaban nadando en una piscina, acompañados por la madre de uno de ellos. Estaban en la parte menos profunda, que cubría menos de un metro. Los niños ya estaban creciditos, de modo que era imposible que se ahogaran allí. Aun así, un par de minutos después de meterse en la piscina, uno de los niños empezó a ahogarse y a gritar pidiendo auxilio. Al verlo, la madre del otro niño lo levantó y le dijo:

—Mira, tu amigo está nadando sin ningún miedo. ¿Por qué te ha entrado pánico?

El niño dijo:

—Me asusté al pensar que nadie me salvaría si empezaba a ahogarme. Las piernas me empezaron a temblar y comencé a sentirme mareado. Después me hundí.

La mujer le preguntó a su hijo:

—¿Y tú por qué no tenías miedo?

—Tú estabas cerca. Sabía que si empezaba a ahogarme me sacarías del agua, así que no tenía miedo —replicó el niño.

La fe en su madre le daba al niño confianza en sí mismo y despertaba sus capacidades innatas. Para él, nadar era una experiencia gozosa.

El beneficio de tener fe en Dios es parecido. Hay que confiar en que el Todopoderoso está siempre cuidándonos y vendrá a nuestro rescate si corremos cualquier peligro. Esa fe nos da la fuerza necesaria para vivir con valentía. Cuando la fe y el discernimiento van juntos, el miedo desaparece.

79. El miedo y el amor

Hijos, el miedo es el principal obstáculo que hallamos en el camino del éxito en la vida. El miedo nos roba la capacidad de emplear nuestras habilidades y talentos en nuestro propio beneficio. Pero hay un poder especial que puede ayudarnos a superar el miedo: el amor. El amor nos da la fuerza necesaria para apartar todos los obstáculos y seguir adelante.

Había una viuda que vivía en una aldea. Se ganaba la vida vendiendo leche en la fortaleza del rey. Un día, subió como de costumbre a la cima de la montaña en la que se encontraba la fortaleza para vender la leche. Cuando hubo acabado de venderla, las puertas de la fortaleza ya se habían cerrado. Entre lágrimas, suplicó a los guardianes:

—Mi hijo está solo en la cabaña. Está oscureciendo. Si no llego pronto a casa, mi hijo se pondrá a llorar de miedo. Si algo le pasa a mi hijo, no podré seguir viviendo. Por favor, tened misericordia de mí y dejadme salir de la fortaleza.

Pero los guardianes no estaban dispuestos a abrir las puertas. Con inmensa angustia, la lechera empezó a buscar algún otro modo de salir de allí.

Cuando las puertas de la fortaleza se abrieron al día siguiente, la lechera estaba fuera, esperando para volver a entrar. Los guardianes se quedaron asombrados. No podían entender cómo había podido salir. Llevaron a la mujer ante el rey.

El rey le preguntó a la lechera cómo había salido de la fortaleza. La mujer le explicó detalladamente lo que había pasado.

El rey fue con ella a ver el lugar por donde había salido. Había una pequeña abertura en la pared de la fortaleza. Hasta en la clara luz del día parecía imposible bajar escalando el escarpado acantilado. El rey le preguntó a la lechera:

—Cuando bajabas la montaña en la oscuridad, ¿no sentías ni un poco de miedo?

La lechera dijo:

—Ayer solo tenía un pensamiento: llegar de alguna manera con mi niño. Sabía que mi hijo estaría asustado al no verme. Me olvidé de mí misma. En mi corazón no había lugar para el miedo.

Ni el peligro ni los obstáculos desanimaron a la lechera. Su amor por su hijo le dio la fuerza necesaria para superar todos los problemas.

Cuando el amor llena el corazón, si somos capaces de alimentar un ideal noble o una meta elevada, ningún obstáculo puede desalentarnos. Ni el miedo a la muerte nos amedrenta. El amor nos da la fuerza necesaria para afrontar cualquier peligro.

80. El karma-yōga

Hijos, todos los habitantes de la tierra suelen estar entregados a la acción. Todos actúan con la expectativa de que la acción los beneficie. Si conseguimos lo que deseamos, nos ponemos contentos. De lo contrario, nos entristecemos. Cuando nuestra expectativa de un determinado resultado se vuelve excesiva, perdemos la paz mental. La preocupación por el resultado de una acción hace que la mente esté inquieta tanto mientras realiza la acción como después. El karma-yōga es el medio para transformar el karma (acción) que es la causa de la esclavitud en karma-yōga, que lleva al conocimiento del Yo Supremo.

En ocasiones, podemos no obtener aquello que esperábamos, aunque hayamos trabajado duro. Imaginad que un granjero ha trabajado intensamente en el campo. Pero, cuando llega la época de la cosecha, las fuertes lluvias destruyen todos los cultivos. Esto nos permite entender que el resultado de las acciones no depende solo del esfuerzo. Por eso es por lo que Kṛishṇa da tanta importancia al niṣhkāma karma, es decir, a la acción desinteresada, en la Bhagavad-Gītā.

Si no se está libre del apego, no se puede tener nunca éxito en el terreno de la acción. Con frecuencia, el apego a determinadas personas y objetos dificulta el cumplimiento adecuado de los deberes. Podemos ver muchos ejemplos de ello a nuestro alrededor. El cirujano más experto no tendrá el valor necesario para operar a su propia esposa o hijo. Un juez justo puede dudar en juzgar a su hijo si es el principal acusado en un caso de asesinato. Estos ejemplos nos muestran la medida en la que el apego a las personas afecta nuestra eficiencia.

De hecho, lo que ata no es el karma, sino el orgullo por el karma y el deseo de los resultados de la acción. El karma-yōga es el medio por el que se puede trabajar con máxima eficiencia y, a la vez, no quedar atado por la acción.

Amma recuerda una historia. Una vez, un hombre tomó demasiado ghī (mantequilla clarificada) durante una comilona. Al día siguiente empezó a padecer indigestión. Incapaz de soportar el dolor de vientre fue al médico, que le dijo:

—Tráeme un litro de ghī. Haré una medicina con él.

El hombre se quedó desconcertado. Dijo:

—Doctor, tengo indigestión porque ayer tomé demasiado ghī. ¿Quieres empeorar mi estado haciéndome tomar aún más ghī?

Pero el médico insistió y el paciente trajo a regañadientes un litro de ghī. El médico añadió unas hierbas y le administró unas dosis muy precisas. El hombre se recuperó.

Igualmente, las acciones realizadas sin prestar atención o con una actitud errónea vuelven la vida desgraciada. Pero la solución también es la acción, aunque sea una acción que se realice sin ego y sin apego. El karma no es peligroso si la actitud con que se realiza es la correcta. En ese caso, beneficiará al mundo.

El karma yōgī sabe que el resultado de la acción no está en sus manos y que él es tan solo un instrumento en las manos de Dios. Por eso, realiza todas las acciones, sean las que sean, con la máxima atención, y acepta el resultado, sea cual sea, como la voluntad de Dios. No se preocupa por los resultados de su acción.

El karma-yōga es la forma más práctica de trabajar. Es el camino que lleva a la meta final de la liberación espiritual. Que mis hijos e hijas tengan la fuerza necesaria para avanzar por ese camino.

81. La juventud y los estupefacientes

Hijos, la adicción a los estupefacientes es uno de los mayores peligros que afronta la juventud actual. Los padres envían a sus hijos a la escuela con la esperanza de que tengan éxito en la vida. Pero los hijos pueden dar con malas compañías y acabar esclavizados por los malos hábitos. En lugar de convertirse en el soporte y el solaz de sus padres y en un orgullo para el país, los jóvenes se destruyen a sí mismos y perjudican a los demás.

La idea de que las drogas pueden dar la felicidad es un mito. Tratar de hallar la felicidad en objetos exteriores es como intentar encender un fuego soplándole a una luciérnaga.

En una aldea vivía un niño que estudiaba mucho. No tenía malas costumbres y nunca gastaba dinero innecesariamente. Si sus padres le daban dinero para sus gastos, se lo daba a los estudiantes pobres para que pudieran pagar la escuela o les compraba los libros de texto o los uniformes escolares. Todos lo admiraban.

Un día, unos compañeros le llevaron a la fuerza al cine. A la vuelta, se pusieron a fumar y le ofrecieron un cigarrillo. Cuando lo rechazó, le pidieron que probara a fumar solo una vez. Después de fumarse un cigarrillo, le animaron a volver a fumar. Pensó que no había nada malo en fumar uno o dos cigarrillos.

En otra ocasión, ante su insistencia, bebió cerveza. Pronto, fumar, beber y consumir drogas se convirtió en algo habitual. Empezó a pedir dinero a sus padres para pagar esos hábitos. El niño que tocaba los pies de sus padres todas las mañanas con veneración antes de ir a la escuela les perdió todo el respeto. Empezó a pelearse con ellos a diario por dinero; pero, por mucho dinero que recibiera, nunca era suficiente. Al final, empezó a robar y a extorsionar.

Una vez, atacó a un hombre yendo drogado, que murió a consecuencia de ello. El chico fue condenado y enviado a la cárcel. Antes, ese chico era el niño mimado de los aldeanos, sus profesores y sus compañeros de clase; pero, cuando se convirtió en un ladrón, un matón y una amenaza para la sociedad, todos acabaron aborreciéndolo.

La amistad es como un ascensor: puede llevarnos arriba o abajo, según el botón que pulsemos. Del mismo modo, las buenas compañías nos ayudan a progresar hacia un futuro brillante, mientras que las malas nos llevan a la perdición y la destrucción. Cuando vemos un charco estancado en el camino, lo evitamos prestando atención. Del mismo modo, debemos alejarnos sabiamente de las personas descarriadas que intenten hacerse amigas nuestras.

82. La corrupción

Hijos, el número de personas religiosas que hay en nuestro país va en aumento. Los lugares de culto se llenan cada vez de más y más gente. Sin embargo, la corrupción y el deterioro de los valores proliferan en la sociedad. Aumentan los casos de acoso sexual a las mujeres y los actos de violencia. Algunos se preguntan cómo podemos explicar esta contradicción.

Hay corrupción de una u otra forma no solo en la India, sino en todo el mundo. Es solo una cuestión de grado. La gente cree en Dios, pero su conocimiento de los principios espirituales es limitado. Su conciencia religiosa se limita a rezar para que se cumplan sus deseos y a celebrar rituales y fiestas religiosas. La opinión predominante —que la meta de la vida es ganar tanto dinero como sea posible para disfrutar de comodidades materiales— ha cobrado fuerza en nuestros días. Así que, aunque el número de creyentes haya crecido, no hay un aumento correlativo de los beneficios de la devoción en la sociedad. Sin embargo, tampoco podemos decir que creer en Dios no haya provocado ningún cambio en la sociedad. Gracias a la fe, el dharma (la rectitud) prevalece en el mundo en una cierta medida.

No tiene sentido lamentarse de lo degradada que está la sociedad. Antes de echarles la culpa a los demás, debemos examinarnos nosotros. Hay que volverse hacia dentro, darse cuenta de los propios defectos y tratar sinceramente de corregirlos.

Había un campesino pobre que vendía mantequilla al propietario de una panadería cercana. Al cabo de algún tiempo, el panadero empezó a sospechar que el granjero le daba menos mantequilla que antes. Empezó a pesar la mantequilla y vio que había una diferencia significativa. Denunció al pobre granjero, alegando que le había estado engañando. El pobre agricultor fue convocado al tribunal, donde el juez ordenó que le llevaran las balanzas del agricultor. El agricultor dijo con voz seria:

—Señor, no tengo balanza ni pesas. Compro pan en su panadería. Solía darle tanta mantequilla como pesaba el pan. Si la cantidad de mantequilla es menor de lo que solía ser, entonces el panadero es responsable de ello.

No tenemos que esperar a que los demás mejoren para intentar reformarnos nosotros. Primero debemos cambiar nosotros. Cada uno de nosotros debe convertirse en un modelo para los demás porque, consciente o inconscientemente, alguien está siguiendo nuestro ejemplo.

El bien y el mal empiezan en casa. Los padres deben convertirse en modelos para sus hijos. Los hogares y las escuelas deben crear un entorno propicio para inculcar valores. Así podremos eliminar, al menos en cierta medida, la corrupción que existe en todas las esferas de la vida. De este modo, al menos las generaciones futuras podrán librarse de las garras de la corrupción.

83. La juventud

Hijos, la juventud es el periodo más dinámico de la vida humana. Los jóvenes tienen energía y entusiasmo. Anhelan participar en actividades y hacer grandes cosas. La juventud suele ser también la época en la que se está lleno de idealismo. El único problema es que las acciones vivaces e impulsivas de los jóvenes a veces revelan falta de paciencia y madurez. Los jóvenes tienen conocimientos, pero carecen de conciencia. Mientras nos falte discernimiento, nuestro conocimiento será imperfecto, como una flor sin fragancia o una palabra sin significado. La verdadera transformación se produce cuando se unen el conocimiento y la conciencia.

Si a los jóvenes se les da el conocimiento y la dirección adecuados y si sus energías se encauzan correctamente, la sociedad puede lograr grandes cosas a través de ellos. Swāmī Vivēkānanda fue una gran personalidad que comprendió el potencial de la juventud y que se esforzó por canalizar sus capacidades en la dirección correcta. No es de extrañar que su mezcla de sabiduría, valentía, idealismo y ferviente deseo de hacer el bien a la sociedad lo convirtieran en un modelo para los jóvenes.

La pereza, la falta de confianza en uno mismo y el miedo al fracaso son lo que nos frena. Podemos vencerlos con una voluntad indomable, los conocimientos adecuados y un esfuerzo incansable. Los jóvenes deben darse cuenta de que la vejez les espera en un futuro no muy lejano. Deben hacer todo lo necesario para llevar su vida a la plenitud mientras son jóvenes y gozan de buena salud.

Los jóvenes tienen vigor y vitalidad. Si su energía se canaliza en la dirección correcta, pueden hacer maravillas en el mundo. Si los jóvenes cambian, el mundo cambiará. Si queremos aprovechar el poder de la juventud para transformar la sociedad, primero debemos fomentar en ellos lakṣhya-bōdha (orientación hacia los objetivos). Sus objetivos no deben limitarse a encontrar un buen trabajo y llevar una vida cómoda. No basta con pescar en la superficie del mar. Hay que bucear en las profundidades de la vida para recoger perlas valiosas.

Los jóvenes deben ser capaces de transformar la sociedad de forma creativa y encontrar la plenitud en su propia vida. Deben tener tanto conocimientos materiales como una visión espiritual. Su corazón debe empatizar con las personas que sufren a su alrededor. Deben adquirir la fuerza espiritual necesaria para afrontar los retos de la vida con valentía y seguir adelante sin desanimarse. Los grandes logros solo son posibles por medio del sacrificio. Por lo tanto, deben estar preparados para experimentar dificultades y sacrificios. Deben armarse del valor necesario para reconocer y asimilar la bondad allí donde la vean y alejarse del mal.

La cultura de nuestro país puede ayudarnos a conseguir todo esto. Ha dado a luz a muchos modelos ideales como Vivēkānanda. Nuestros sabios impartieron el conocimiento que ayuda a superar todas las penas. Basta con dirigir la atención de nuestra juventud hacia esta riqueza inestimable.

Cuando el conocimiento y el discernimiento convergen, todas nuestras capacidades interiores se ven potenciadas y podemos encontrar el amor, la paz, la felicidad y el éxito en la vida.

84. Sed agradecidos

Hijos, la gratitud es una de las buenas cualidades que todo ser humano debe tener. Detrás de cada una de nuestras victorias están el aliento, la ayuda y la guía de muchas personas. Debemos estar agradecidos a todas ellas. Al ser la gracia de Dios la que hace fructificar cualquier esfuerzo, también debemos estarle agradecidos a Dios. Asimismo podemos aprender muchas lecciones de las experiencias amargas de la vida. Nos ayudan a volvernos más puros y más fuertes. Por eso, debemos estar agradecidos a la vida misma.

Una vez un mendigo encontró tirada en el camino una bolsa de antiguas monedas de oro. Fue a palacio y le dio la bolsa al rey, que se dio cuenta, con alegría, de que eran unas monedas valiosas que había perdido hacía años. Complacido por la honradez del mendigo, el rey lo nombró ministro encargado del tesoro real. Eso no les gustó nada a los demás ministros.

Al cabo de unos días, informaron al rey de que muchos objetos estaban desapareciendo del tesoro y afirmaban que el nuevo ministro era el culpable de la desaparición. Todos los días, el nuevo ministro llegaba a palacio y salía de él con un paquete en la mano. Los demás decían que el paquete contenía objetos robados del tesoro y que el nuevo ministro se estaba llevando el botín a casa. Al rey le costaba creerlo y decidió comprobarlo por sí mismo.

Al día siguiente, se escondió en el desván del tesoro. Como de costumbre, el ministro llegó a la tesorería. Abrió el arcón y sacó unos trapos viejos. Eran las ropas que vestía cuando era mendigo. Se puso los harapos de mendigo, se miró al espejo y se dijo:

—Por la gracia de Dios, has llegado a ser ministro. Agradécelo siempre. Mañana puedes perder todo este poder y prestigio. El cambio es la naturaleza del mundo. Da la bienvenida a todas las experiencias que te dé la vida. Sé agradecido con la vida.

Conmovido por sus palabras, el rey bajó de inmediato y abrazó cariñosamente al ministro. Como no había heredero al trono, le declaró su sucesor.

Igual que el ministro de la historia, hay que tener siempre el corazón lleno de gratitud. No debemos envanecernos por nuestras victorias, ya sean pequeñas o grandes. Debemos estar siempre agradecidos a quienes nos han guiado, a las circunstancias que nos han llevado al éxito y, sobre todo, a Dios. La satisfacción y la gratitud deben ser las señas de identidad de nuestra vida.

85. La ciencia y la espiritualidad

Hijos, tanto la ciencia como la espiritualidad se esfuerzan por descubrir la verdad que se oculta tras el universo: la ciencia, mediante la investigación externa, y la espiritualidad, por medio de una búsqueda interior. La ciencia considera que el objeto de investigación está separado del investigador. Percibimos este mundo con los órganos de los sentidos, la mente y el intelecto. No podemos obtener conocimiento de ningún objeto sin recurrir a los mismos.

Una hormiga no ve a un elefante del mismo modo que lo ve un ser humano. Su vista es diferente y, por lo tanto, nunca podrá ver la auténtica forma de un elefante. Igualmente, una cucaracha verá un elefante de otra forma distinta. De eso se deduce que nuestra impresión del universo depende de nuestros limitados órganos sensoriales, la mente y el intelecto. No es una representación exacta.

El universo que nos rodea está en constante cambio. Una semilla plantada en la tierra se convierte en un árbol. Con el tiempo, ese árbol también muere. Una vasija está hecha de arcilla. Cuando la vasija se destruye, vuelve a ser solo arcilla. En realidad, nada se destruye, solo cambian los atributos. En medio de todo este cambio, hay algo que permanece inalterado: el sustrato de la conciencia pura, que carece de atributos.

Los descubrimientos y teorías de la ciencia se basan en el conocimiento limitado de la época. Por tanto, los postulados de hoy podrían resultar erróneos mañana. Hoy podemos descubrir un nuevo medicamento. Al cabo de un tiempo, podemos descubrir sus efectos secundarios adversos. En el momento en que se retira de las tiendas, muchas personas pueden haber estado a punto de morir por haberlo tomado.

En este sentido, la historia de la ciencia es una continua sucesión de pruebas, errores y nuevos descubrimientos. Por muchos descubrimientos que haga la ciencia, siempre quedará mucho más por descubrir. Es como dos abogados discutiendo en ausencia de un juez: su discusión nunca terminará. En la búsqueda de la verdad del universo, la espiritualidad desempeña el papel de juez. En la espiritualidad, hay un final feliz. El sustrato del universo es la conciencia y no somos nada más que eso. Cuando nos damos cuenta de que el universo es una manifestación de esa conciencia, la búsqueda de la Verdad llega a su fin.

86. Ved a Dios en todo

Hijos, mucha gente se pregunta si las costumbres y tradiciones cultuales de la India son primitivas. A primera vista, pueden parecerlo; pero, si comprendemos y asimilamos los principios e ideales que subyacen a las prácticas, veremos que en realidad son significativas y beneficiosas. De lo contrario, no serán más que rituales vacíos.

La conciencia divina vivifica todo lo que hay en la naturaleza. Dios es la esencia de todos los seres, tanto móviles como inmóviles. La naturaleza es una manifestación de Dios. Los antiguos sabios comprendieron la Verdad y contemplaron la conciencia divina en todo. Así, el culto a los pájaros, los animales, los árboles, las montañas, los ríos y los bosques pasó a formar parte de nuestra cultura. No hay nada en el universo que no merezca ser adorado, pues Dios habita en todo. Adorar todo como una manifestación de Dios sin distinguir entre lo bajo y lo alto es una forma fácil de comprender la naturaleza omnipresente de Dios.

Si Dios es perfecto y completo, su creación también lo es. Si utilizamos la llama de una lámpara para encender mil lámparas más, todas arderán con la misma intensidad que la primera. ¿Hay alguna lámpara que podamos señalar como imperfecta o incompleta? En este universo que Dios llena, no hay nada que podamos considerar bajo o innoble; pero necesitamos unos ojos que puedan percibir esta perfección.

Todas las criaturas están interconectadas. Cuando todas las criaturas coexisten en armonía, la vida se vuelve gozosa.

El hombre solo sobrevive gracias a la flora y la fauna. Sin ellas, no puede haber ni humanidad ni cultura humana. Todas las demás criaturas mantienen el equilibrio de la naturaleza; solo el hombre lo perturba. Debido a su egoísmo y a su excesivo deseo de placer, daña todo lo que hay en la naturaleza e incluso mata a sus semejantes. El hombre es la única nota desafinada en la armoniosa melodía de la naturaleza.

Nuestros antepasados comprendían que cada criatura desempeñaba un papel importante en el mantenimiento del equilibrio del medio ambiente. Por eso diseñaron métodos prácticos para proteger los pájaros, las serpientes, los árboles y los bosquecillos. Las tradiciones y rituales que nos legaron también estaban pensados para mantener el equilibrio de la naturaleza. Ninguna de esas prácticas contamina la naturaleza. De ese modo, crearon una cultura que considera la naturaleza como Madre y la protege. Esa cultura nos enseñó a amar y servir a todos.

En realidad, ¿qué tiene de malo adorar a los animales? En muchos sentidos, están más evolucionados que la humanidad. Muchos animales tienen un sentido de la vista, el oído y el olfato mucho más poderosos. Las aves y los animales perciben las catástrofes naturales antes que los humanos y se desplazan a lugares más seguros. El hombre puede aprender lecciones de unidad y entusiasmo de las hormigas. ¿De qué otra manera podemos mirar a las criaturas, los árboles, las montañas y los bosques, que hacen que la vida sea propicia para nosotros, si no es con respeto y veneración?

Nuestros antepasados tocaban la tierra con veneración nada más despertarse. Debemos aprender a inclinarnos ante cualquier objeto que utilicemos. Nuestro corazón se expandirá si podemos ver a todas las criaturas como manifestaciones de Dios. Sentiremos amor por todos. Podremos abrir el corazón a la flora y la fauna. Adquiriremos la actitud de postrarnos incluso ante una hormiga. Podremos experimentar la conciencia divina en todo. La mayor práctica espiritual es ver a Dios en todo. Y también es el conocimiento supremo.

87. Vasudhaiva kuṭumbakam: el mundo es una familia

Hijos, la supervivencia del mundo depende del amor y la compasión. Aunque hoy en día haya mucha ira, odio y egoísmo en el mundo, también en ciertos rincones surgen oleadas de amor, compasión y altruismo. Son las vibraciones de la compasión las que mantienen el equilibrio en el planeta.

Muchas especies de aves y animales están al borde de la extinción. Aunque se trata de un problema grave, no somos conscientes de otro mucho más grave: la casi extinción de las personas compasivas. Si bien es cierto que esas personas aún no se han extinguido, los corazones bondadosos están desapareciendo rápidamente del mundo. Debemos despertar y reflexionar sobre las consecuencias. Muchos de nosotros nos enorgullecemos de los avances intelectuales que hemos logrado; pero no somos conscientes de que el corazón se ha secado.

Una vez, los alumnos de una escuela para discapacitados mentales representaban una obra en el escenario. Había una escena en la que un mendigo busca cobijo del frío glacial para pasar la noche. Cuando llega a una mansión, sus moradores le increpan y lo echan. Sintiéndose herido, se marcha. Al verlo, uno de los estudiantes del público que tenía problemas mentales se sintió conmovido. Subió al escenario y le dijo:

—No estés triste. Ven a casa conmigo. En mi habitación hay sitio para otra persona.

Al oír esas inocentes palabras, el público se puso a aplaudir en señal de aprecio. Muchos ojos se llenaron de lágrimas. ¿Cuántos de nosotros, que nos enorgullecemos de nuestra inteligencia, tenemos tanta compasión como ese niño con problemas mentales?

Hoy en día, la sociedad se ha quedado atrapada en el ciclo del egoísmo y la codicia. El amor y la compasión no deben limitarse a la familia y los amigos. El amor es verse a uno mismo en los demás. Cuando el sentido del «yo» desaparece por completo, el amor se convierte en compasión. Cuando pensamos en «mi casa» o «mi gente», los demás quedan excluidos. Por el contrario, si pensamos que somos uno, como cuentas ensartadas en el hilo de la vida, todos se convierten en «los nuestros».

Cuando el amor se desborda hacia todos los seres del universo, el mundo entero se convierte en una sola familia. A esto se referían nuestros antepasados cuando decían «vasudhaiva kuṭumbakam».

88. La paz universal

Hijos, en general, la gente se siente descontenta y perturbada en la actualidad. La mente humana está llena de miedo y recelo. Las personas y los países se pisotean y destruyen mutuamente, si se les da la oportunidad. El egoísmo y el egocentrismo han convertido la vida en un campo de batalla. Así es el mundo en el que vivimos.

Eso no significa que la bondad haya desaparecido por completo del mundo. Muchas personas trabajan sin cesar en beneficio de la humanidad. Sin embargo, el grado de maldad está creciendo y la bondad no florece lo suficiente para frenar el aumento del mal.

Una persona adinerada se encontró con su amigo después de muchos años. Le dijo:

—Vamos a sentarnos un rato en el parque que hay ahí al lado.

De camino, el hombre rico dijo:

—Jugamos juntos y crecimos juntos. También estudiamos en el mismo colegio. Pero ahora hay una enorme diferencia entre nosotros.

Su amigo no dijo nada. Al cabo de un rato, el hombre adinerado se detuvo. Recogió una moneda de cinco rupias del suelo y dijo:

—Se te ha caído del bolsillo.

Siguieron caminando. De repente, el amigo se detuvo y se acercó a un arbusto espinoso que había cerca. Una mariposa estaba atrapada entre las espinas y batía las alas frenéticamente. El amigo liberó lenta y cuidadosamente a la mariposa y la vio revolotear alegremente hacia el cielo. Al ver aquello, el hombre rico le preguntó:

—¿Cómo has podido ver la mariposa?

El amigo respondió:

—Como has dicho, hay una enorme diferencia entre nosotros: tú oyes el tintineo de las monedas mientras que yo oigo el latido del corazón.

Fijaos en la diferencia entre sus actitudes. Nuestros pensamientos y acciones determinan nuestro samskāra (disposición) y nuestra personalidad. Habría que volver consciente a todo el mundo desde la infancia del bien que nace del amor y la cooperación y de los desastres que provocan el odio y el conflicto.

Hay que esforzarse por comprender los sentimientos de los demás y actuar en consecuencia. Cada país debe convertirse en los ojos, los oídos, la voz, el corazón, la mente y el cuerpo de las demás naciones. Solo entonces podrán comprender las penas y las dificultades de los otros países y responder adecuadamente. Solo entonces podrá el mundo crecer como una sola entidad. Solo mediante ese crecimiento podremos tener igualdad, afinidad y paz.

El camino hacia la paz

Hijos, Amma se siente triste cuando mira el mundo actual. Podemos ver por todas partes imágenes de derramamiento de sangre y lágrimas. No mostramos piedad ni con los niños pequeños. ¿Cuántos inocentes mueren cada día por culpa de las guerras y los atentados terroristas en distintas partes del mundo? En el pasado también hubo guerras; pero, en aquellos tiempos, la gente cumplía las convenciones de la guerra, como no atacar a los desarmados y no luchar después de la puesta de sol. Pero ahora cualquier atrocidad o acto perverso se considera aceptable. El egoísmo y el egocentrismo dominan el mundo.

La raíz de toda destrucción es el ego. La peor destrucción la causan dos clases de ego: uno, el ego del poder y el dinero; dos, el ego que dice: «Solo mi visión es verdadera. No toleraré ningún otro punto de vista». Mientras no nos liberemos de esos egos, no podremos disfrutar de paz en la vida.

Todos los puntos de vista son importantes. Debemos respetar los puntos de vista de los demás e intentar tenerlos en cuenta. Si lo hacemos, podremos detener estas guerras y este derramamiento de sangre sin sentido.

Hace falta despertar el amor que llevamos dentro para comprender y respetar los puntos de vista de los demás. Muchos mostramos gran interés por aprender nuevos idiomas; pero ningún idioma que no sea el del amor puede ayudarnos de verdad a entendernos mutuamente. Hemos olvidado por completo ese lenguaje.

Amma recuerda algo que sucedió. Una vez, los voluntarios de una organización humanitaria fueron a ver a un acaudalado hombre de negocios para pedirle fondos para sus actividades humanitarias. Le hablaron largo y tendido sobre la triste situación de las personas que sufrían. Su descripción habría derretido el corazón de cualquiera; pero el empresario no tenía interés en escucharlos. Cuando los decepcionados voluntarios se levantaron para marcharse, el hombre de negocios les dijo:

—Esperen. Permítanme hacerles una pregunta. Si tienen la respuesta correcta, les ayudaré. Tengo un ojo artificial. ¿Podrían decirme cuál es?

Le miraron atentamente los ojos. Uno de ellos dijo:

—El ojo izquierdo es artificial.

—¡Increíble! Hasta ahora nadie había podido identificar el ojo artificial, que es muy caro. ¿Cómo lo habéis sabido?

La trabajadora social dijo:

—Miré profundamente sus dos ojos. Vi un rastro de compasión en su ojo izquierdo, mientras que el derecho estaba duro como una piedra. Por eso estaba segura de que su verdadero ojo era el derecho.

Este empresario es el símbolo de nuestro tiempo. Tenemos la cabeza calentada por el egocentrismo y el corazón congelado por el egoísmo. No debería ser así. El corazón debería estar caliente por el amor y la compasión. La cabeza debería estar fría por la amplitud de la sabiduría.

El amor y la compasión son nuestra mayor riqueza, pero la hemos perdido. Ni nosotros ni el mundo podremos sobrevivir a menos que devolvamos a nuestros ojos la ternura del amor. Hay que despertar esa ternura en nuestro interior.

La paz y la satisfacción

Hijos, muchas organizaciones y personas trabajan incansablemente por la paz y la felicidad en el mundo. A pesar de ello, la bondad no ha sido lo bastante fuerte para resistir la proliferación del mal. Hemos olvidado el amor, el respeto y la confianza que los seres humanos deben demostrarse unos a otros. Cada persona piensa solo en satisfacer sus propios deseos a cualquier precio.

Gastamos millones en seguridad nacional y en librar guerras, sacrificando para ello innumerables vidas. Si destináramos, en cambio, aunque solo fuera una mínima parte de ese dinero y de ese esfuerzo humano a promover la paz mundial, conseguiríamos sin duda mantener la paz y la armonía.

Hemos olvidado la verdad fundamental de que la mente humana es la causa de todos los problemas del mundo y que este solo mejorará si mejora la mente. La religión y la espiritualidad ayudan a transformar la ira en compasión, el odio en amor y la envidia en comprensión. Una sociedad está formada por individuos. Es el conflicto en la mente humana lo que conduce a la guerra. Cuando se produce un cambio en el individuo, la sociedad cambia automáticamente. En lugar de rumiar venganza y odio, fomentemos el amor y la paz en la mente. Solo tenemos que intentarlo.

No son los tiempos los que crean el cambio, sino los corazones compasivos. Hay que ser capaces de alimentar más corazones así. Ese debe ser nuestro principal objetivo.

Intentemos cultivar un corazón que sea capaz de perdonar y olvidar, dando así un nuevo aliento al mundo. No tiene sentido excavar en el pasado. Eso no beneficia al mundo ni a sus gentes. Abandonando el camino de la enemistad y la venganza, debemos evaluar imparcialmente la situación actual del mundo. Solo entonces podremos encontrar el camino del progreso.

Esta es la era de la unidad. Solo lograremos nuestros objetivos si trabajamos juntos. Lo que el mundo necesita ahora son personas nobles de palabra y de obra. Si existen esos modelos que puedan inspirar a sus semejantes, la oscuridad que envuelve a la sociedad se disipará con la luz de la paz y la armonía. Trabajemos juntos para lograrlo.

Que el árbol de la vida esté firmemente arraigado en la tierra del amor. Que las buenas acciones sean sus hojas, las palabras amables sus flores y la paz su fruto. Que el mundo se convierta en una familia unida por el amor. Que nos convirtamos en los orgullosos propietarios de un mundo que esté iluminado por la paz y la satisfacción.

El mundo es una flor

En la actualidad el mundo es como un cálao[15] que está sediento del agua clara de la lluvia del amor y de la paz. Cada día tienen lugar enfrentamientos, atentados terroristas y guerras en uno u otro lugar. Ahora mismo se están sacrificando innumerables vidas.

---

[15] Según la mitología india, el cálao es un ave solo bebe gotas de lluvia y no saborea ninguna otra agua.

De cara a poner fin a este sacrificio humano sin sentido, primero hay que comprender sus causas. En los aeropuertos y otros lugares se han tomado medidas de seguridad para frustrar los atentados terroristas. Los rigurosos controles de seguridad se han vuelto obligatorios. Todo ello está muy bien, pero no pueden ser soluciones duraderas. Existe otro artefacto explosivo aún más letal que una bomba. Ninguna máquina puede detectarlo. Es el odio, la hostilidad y la enemistad que hay en la mente humana.

Amma recuerda una historia. El jefe de un pueblo celebraba su centenario. Un periodista le preguntó:

—En sus cien años, ¿de qué logro se siente más orgulloso?

Respondió:

—Aunque he vivido cien años, no tengo ni un solo enemigo.

—¡Qué maravilla! —exclamó el periodista—. Todo el mundo debería seguir su ejemplo. Díganos, ¿cómo ha sido posible?

El jefe de la aldea respondió:

—Verás, nunca he dejado con vida a ninguno de ellos.

Así es como muchos se deshacen de sus enemigos. Pero hay otra forma de destruir al enemigo: transformándolo en amigo, abriendo el corazón y expresando amor al enemigo. Ello provocará sin duda un cambio de corazón en el enemigo. Sin esa paciencia y ese amor, será difícil lograr la paz y la armonía en la sociedad.

El odio, la rivalidad y el conflicto son la naturaleza del mundo. Algunos dirán que no es posible cambiarlo. No es cierto. La naturaleza básica del hombre es el amor y la bondad. Por eso, si lo intentamos, podemos sustituir esas emociones por amor y compasión.

Debemos encender la lámpara de la esperanza y el consuelo en el corazón de las víctimas de la guerra y los conflictos. Debemos estar dispuestos a amar con el corazón y servir con las manos. Cuando estemos dispuestos a abrir el corazón para comprender a los demás y compartir sus penas, nuestras debilidades se desvanecerán una a una. Poco a poco, nosotros y la sociedad mejoraremos y creceremos.

Imaginad que un amigo querido al que no veis desde hace mucho tiempo va a visitaros. Saltaréis de alegría. Llevaréis a cabo todos los preparativos necesarios para recibirle. Limpiaréis y adornaréis la casa, prepararéis una suntuosa comida y le esperaréis con entusiasmo. Debemos ser capaces de dar la bienvenida a cada momento de la vida con esta actitud. Pasemos cada momento sirviendo a los demás con alegría y entusiasmo, y hagamos así que cada instante sea lo más beneficioso posible.

La sociedad despertará cuando se despierte la bondad interior. Reinarán la paz y la satisfacción. Seremos capaces de ver el mundo entero como una flor y a todas las personas como distintos pétalos de la misma, que no están no divididos por las fronteras de la nación y el idioma. Contemplaremos la belleza en todas partes y veremos unidad en la diversidad. El mundo entero se volverá una familia.

89. La devoción y la vida

Hijos, muchos solo nos acordamos de Dios cuando tenemos problemas. Nuestra devoción es limitada; rezamos y hacemos ofrendas a Dios para que resuelva nuestros problemas y cumpla nuestros deseos. En otros momentos, nos olvidamos completamente de Dios. A eso no se le puede llamar devoción. La verdadera devoción no es un asunto a tiempo parcial. Un devoto recuerda a Dios en todas las circunstancias.

Algunas personas estaban esperando fuera de una tienda para hacer sus compras. El tendero estaba ocupado envolviéndoselas. De repente, dejó de trabajar, cerró los ojos y se quedó allí con las palmas de las manos juntas. Al cabo de un rato, cuando abrió los ojos, uno de sus clientes le preguntó, enfadado:

—¿Qué injusticia es esta? ¿Te parece bien quedarte ahí con los ojos cerrados cuando tantas personas estamos esperando?

El tendero respondió con calma:

—¿No has oído las campanas del dīpārādhana[16] del templo cercano? En cuanto oí el tañido, cerré los ojos unos instantes para rezar.

La gente reunida frente a la tienda dijo:

—No hemos oído ningún repique de campanas del templo.

Al oír aquello, el tendero no dijo nada y reanudó su trabajo. Al cabo de un rato, sacó una moneda y la tiró a la calle. Nadie se percató de que la arrojaba, pero todos oyeron el tintineo de

[16] Hacer círculos con lámparas encendidas, normalmente como parte de un culto ceremonial.

la moneda al caer al suelo y se volvieron para mirar. Algunos incluso se apresuraron a recogerla. El tendero dijo:

—¿Veis? Cuando las campanas del templo repicaban con fuerza, ninguno de vosotros las oyó; pero en el momento en que oísteis el suave tintineo de la moneda al caer al suelo, vuestra atención se dirigió hacia ella.

Los que venían a comprar en la tienda estaban centrados en la riqueza y los objetos mundanos. Por eso, oyeron fácilmente el sonido de la moneda. Sin embargo, para el tendero Dios era el centro de su vida. Por eso, aunque estaba inmerso en el trabajo, tenía la atención puesta en Dios. Cuando la persona que más queremos está hospitalizada, nuestros pensamientos giran en torno a ella, aunque estemos inmersos en el trabajo de oficina. Los pensamientos sobre ella seguirán fluyendo como una corriente subterránea en medio de todas nuestras acciones.

Del mismo modo, Dios debe convertirse en el centro de nuestra vida. Si es así, al margen de lo que hagamos y aunque estemos enfrascados en actividades mundanas, nuestra atención estará en Dios. Podremos mantener un recuerdo constante de Dios. Esa es la verdadera devoción.

90. El verdadero conocimiento

Hijos, en la vida hay tres cosas esenciales: el conocimiento, la salud y la riqueza. Muchos creemos que, si somos ricos, lo tenemos todo; pero ¿y si perdemos la salud? Cuando tenemos salud no apreciamos su valor. El conocimiento es aún más importante que las otras dos. Aunque tengamos salud y riqueza, si carecemos de conocimiento, pensaremos y actuaremos sin discernimiento, y eso podrá destruirnos.

Supongamos que somos el primer ministro de un país. Una palabra descuidada puede bastar para que perdamos el puesto. Podría estallar una revuelta en el país, causando la muerte de muchos miles de personas. Por eso, la sabiduría tiene suma importancia. Aunque perdamos la salud y la riqueza y la vida esté llena de sufrimiento, si tenemos verdadero conocimiento podemos afrontar todos los retos con alegría.

Había una vez un rey justo que amaba y protegía a todos sus súbditos como si fueran sus propios hijos. Sus virtudes le granjearon el aprecio de los súbditos, que lo veneraban como si fuera Dios. Su fama se extendió en todas las direcciones. Los reyes vecinos sintieron envidia y conspiraron para acabar con él. Sobornaron al ministro del rey, le prometieron una buena posición y mucho poder, y así lo compraron. Con su ayuda, lanzaron un ataque repentino y rápido contra el reino y capturaron al rey. No le dieron ninguna consideración especial, sino que lo metieron en una cárcel corriente con otros presos. Pero, incluso allí, el rey permaneció alegre, sin ningún signo de angustia. Al verlo, los reyes enemigos se desanimaron y le preguntaron:

—Aunque has perdido el poder y la riqueza y languideces en prisión, no parece afectarte en absoluto. ¿Por qué?

El rey respondió:

—Podéis derrotarme en la batalla, encarcelarme y atormentarme físicamente; pero yo soy libre de decidir si quiero estar triste o feliz. He adquirido el conocimiento más elevado, que vuelve insignificante hasta un dolor intenso. Sé quién soy y conozco la naturaleza del mundo. Sabiéndolo, tengo la mente completamente bajo control. No podéis hacerme nada.

Ante todo, hay que adquirir el conocimiento de nuestro verdadero yo y de la naturaleza del mundo. Una vez que hayamos adquirido este conocimiento, seremos capaces de superar cualquier circunstancia.

91. Śhraddhā

Hijos, la śhraddhā (la atención) es una cualidad esencial en cualquier ámbito de la vida. Debemos ser conscientes de cada pensamiento, palabra y acción. También debemos ser conscientes de cómo caminamos, nos sentamos y miramos.

La mayoría pasamos todo el tiempo pensando en lo que ya ha pasado y en lo que está por venir. La mente está totalmente dispersa, atrapada en demasiados asuntos y problemas. El resultado es que somos incapaces de concentrarnos suficientemente en algo y alcanzar el éxito en ello. En la loca carrera por satisfacer nuestros deseos, no hacemos nada correctamente.

Amma recuerda una historia. Cualquier paciente que ocupara una determinada cama de la UCI de un hospital moría el domingo hacia las once de la mañana. Los médicos estaban perplejos. Algunos empezaban a creer que una fuerza sobrenatural era la causante de esas muertes.

Finalmente, se formó un comité de expertos para investigar el fenómeno. El domingo siguiente, unos minutos antes de las once, médicos, expertos, enfermeras y autoridades hospitalarias esperaban impacientes en el pasillo que había en el exterior de la UCI donde se habían producido las muertes. Algunos llevaban rosarios y estaban recitando mantras. Otros rezaban.

A las once en punto, un limpiador que solo trabajaba los domingos entró en la UCI, quitó el enchufe que conectaba al paciente al sistema de soporte vital y enchufó su aspiradora. Así se resolvió el misterio de las muertes dominicales.

Las acciones realizadas sin estar alerta son adharma (malas). Pueden provocarnos sufrimiento a nosotros y a los demás. No tiene sentido culpar a Dios de nuestro sufrimiento. Sería como conducir sin tener cuidado, chocar con algo y después echarle la culpa del accidente a la gasolina.

La atención que demostramos hasta en los asuntos pequeños nos ayuda a conseguir grandes cosas. Quien tiene presente la meta estará alerta ante cada pensamiento, palabra y acción.

Hay que permanecer siempre alerta, como un soldado en el campo de batalla o un estudiante en la sala de exámenes. Entrenarnos para hacer lo que hay que hacer en cada momento, prestando una perfecta atención, transformará esa acción en una gran disciplina espiritual. El trabajo realizado con plena conciencia nos llevará rápidamente hacia Dios. Si vivimos el «hoy» con conciencia, el «mañana» se volverá nuestro amigo.

92. La conciencia moral

Hijos, unos ciudadanos rectos llevan a un país a la prosperidad. Si indagamos en la raíz de los problemas que acosan a nuestro país —corrupción, pobreza, desempleo, conflictos y aumento de los suicidios, por nombrar algunos—, veremos que hay un declive de la conciencia moral de la gente.

Cumplir el propio dharma (swadharma o acción apropiada para la propia naturaleza) es el deber de todo individuo. Los derechos y las responsabilidades son como las dos alas de un pájaro. Solo si ambas trabajan en equipo puede haber verdadero progreso. Si todos los miembros de la sociedad cumplen sus deberes correctamente, sus derechos estarán naturalmente a salvo. Por el contrario, si la gente solo se preocupa de sus derechos, el orden social se perturbará y prevalecerá la anarquía. Por tanto, todo el mundo debe estar dispuesto a trabajar no solo por sus necesidades personales, sino también por el bien de la sociedad.

Después de cada cosecha, un agricultor aparta algunas semillas para sembrarlas más adelante. Sabe que no es una pérdida, ya que con el tiempo obtendrá una cosecha cien veces superior a lo que sembró. En cambio, si consume toda la cosecha, más adelante tendrá que enfrentarse a la pobreza. Del mismo modo, debemos estar dispuestos a sacrificarnos. En lugar de dedicar todo el tiempo y la energía solo a nosotros mismos, hay que estar dispuesto a dedicar al menos un poco de tiempo en beneficio de la sociedad y del país.

La Gran Muralla China es una de las grandes maravillas del mundo. Después de su construcción, los chinos pensaron: «Ningún enemigo podrá derrotarnos ahora». Pero, al poco tiempo, China fue atacada. Por sorpresa, los adversarios atravesaron la Muralla, entraron en el país y derrocaron rápidamente a las autoridades. ¿Cómo sucedió aquello? Los guardias de la Gran Muralla habían aceptado sobornos de los enemigos y les habían permitido entrar.

El placer que obtenemos con actos egoístas e inmorales es efímero. Esos actos acabarán, sin duda, causando dolor. Por el contrario, aunque los actos desinteresados puedan parecer onerosos al principio, a su debido tiempo producirán un bien duradero. No olvidemos que el placer que obtenemos por medio de actos inmorales contiene en sí mismo las semillas del dolor.

Antiguamente, cuando los niños comenzaban sus estudios, lo primero que se les enseñaba era el dharma (rectitud). El dharma es el principio de sustento mutuo que rige la relación entre cada ser humano y entre el ser humano y la naturaleza. Es una visión sana de la vida y del universo. No se puede progresar en la vida solo con el propio esfuerzo. Nuestro crecimiento depende del crecimiento de los demás. Cualquier bien personal duradero solo puede producirse por medio de la mejora del bienestar de la sociedad.

93. El poder de la juventud

Hijos, pensad en la situación actual de nuestro país. ¡Cuántos problemas nos acosan! La pobreza, el analfabetismo, el desempleo, los conflictos sociales, las nuevas enfermedades, el aumento de los suicidios, la corrupción, el letargo y la falta de objetivos son solo algunos de los problemas a los que nos enfrentamos.

Vivimos en una sociedad que solo se preocupa de sí misma. Así es nuestro país en la actualidad. Cada facción de la sociedad piensa solo en sus propios intereses. Ya sean estudiantes, trabajadores, políticos, grupos religiosos, medios de comunicación o los diferentes Estados, todos ellos solo piensan en proteger y promover sus propios intereses. A nadie le preocupan ni los intereses nacionales ni el bien común.

Todos queremos ver un gran cambio en la sociedad. ¿Dónde debe empezar el cambio? Si pensamos: «Que otros cambien primero, que las circunstancias cambien, que el gobierno haga lo que haga falta y luego cambiaré yo», el cambio nunca se producirá. El cambio debe empezar en nosotros. Si cambiamos, podemos provocar un cambio en aquellos con los que nos relacionamos. Como olas que se elevan sucesivamente, el cambio se extenderá gradualmente por toda la sociedad y allanará así el camino a una transformación positiva del país.

Amma recuerda una historia. Había un hombre que rezaba así:

—Que mi país mejore. Que la gente de todas partes sea veraz, entusiasta e idealista.

Pero no veía ningún cambio incluso después de rezar así durante años. Cuando se dio cuenta de que era difícil cambiar a todo un país, empezó a rezar para que al menos los miembros de su familia dieran buen ejemplo a los demás. Al cabo de muchos meses, se dio cuenta de que esta oración tampoco daba fruto. Finalmente, empezó a rezar:

—Dios, por favor, alimenta en mí cualidades nobles. Que pueda vivir con conciencia moral y portarme amorosamente con todos.

Cuando acabó de rezar aquel día, oyó que Dios le susurraba al oído:

—Si hubieras estado dispuesto a rezar y esforzarte así antes, ¡cuántos cambios positivos se habrían producido ya en este país!

Los jóvenes son siempre el medio por el cual puede crearse una nueva sociedad. Por naturaleza, sienten entusiasmo y admiración por los ideales nobles. También tienen altos niveles de energía. Si esa energía se aprovecha adecuadamente, los jóvenes pueden contribuir a que se produzca una enorme transformación social. Lo único que tenemos que hacer es inspirarles. Que lleguen a ser como flores que difundan una dulce fragancia por todo el mundo.

94. La experiencia de Dios

Hijos, la gente tiene ideas diferentes sobre Dios. Aunque algunos niegan la existencia de Dios, la mayoría cree en Él. Entre los creyentes, la mayoría considera que Dios es un poder exterior que está separado de ellos. En realidad, Dios habita en todos los seres, tanto móviles como inmóviles, como el árbol en una semilla, la mantequilla en la leche y el oro en los adornos de oro.

Hay divinidad en todos los seres. Si avanzamos por el camino correcto, podemos experimentar esa divinidad interior. ¿Se puede transmitir con palabras el sabor de la miel o la belleza de la naturaleza? Solo se puede conocer por medio de la experiencia. Del mismo modo, la experiencia de Dios está mucho más allá del alcance de las palabras, la percepción sensorial y la mente.

Un sanyāsī (monje ordenado) pasaba por una escuela. Unos alumnos le preguntaron:

—¿Por qué llevas esa túnica?

El sanyāsī dijo:

—Me hice sanyāsī para conocer a Dios.

Los niños preguntaron:

—¿Ha visto alguien a Dios? ¿Cómo se le puede conocer?

Señalando un árbol, el sanyāsī preguntó:

—¿De dónde ha salido ese árbol?

—De la semilla —respondieron los alumnos.

Había muchos frutos esparcidos bajo el árbol. El sanyāsī tomó una fruta y la mordió. Miró dentro y luego la tiró. Tomó otra fruta, la mordió, miró dentro y la tiró. Al ver lo que hacía, los alumnos le preguntaron:

—¿Qué haces? ¿Por qué muerdes esas frutas y después las tiras?

El sanyāsī respondió:

—Habéis dicho que este árbol procedía de una semilla. Estaba buscando si el árbol estaba dentro de la semilla de la fruta.

Al oír aquello, los estudiantes se rieron y dijeron:

—¿Cómo va a haber un árbol tan enorme dentro de una semilla tan diminuta? Primero hay que sembrar la semilla y luego regarla y abonarla regularmente. Al cabo de un tiempo, germinará y crecerá durante muchos años hasta convertirse en un árbol enorme.

El sanyāsī dijo:

—Lo mismo ocurre con Dios. Como el árbol dentro de la semilla, Dios habita en cada uno de vosotros, pero aún no lo habéis experimentado. Eso no significa que Dios no exista. Si seguimos la guía de aquellos que han conocido a Dios, cualquiera puede experimentarlo.

Dios es una experiencia. Los medios para experimentarlo incluyen prácticas espirituales como la oración, el japa (recitación repetida de un mantra) y la meditación. Cuando una flor es todavía un capullo, no podemos saber lo fragrante o hermosa que será. Tiene que florecer. Del mismo modo, la flor de nuestro corazón debe florecer por medio de la meditación. Entonces podremos ver a Dios y experimentar la dicha suprema.

95. Sé un testigo

Hijos, hasta los incidentes más triviales del mundo exterior pueden afectar nuestra mente. Unos nos alegran, mientras que otros nos entristecen. Algunas personas se preguntan cómo se puede permanecer en calma entre esos dos extremos, como un testigo desapegado.

Todos tenemos la capacidad de dar un paso atrás y verlo todo como un observador. Sin embargo, rara vez reconocemos esa capacidad o la utilizamos en nuestro beneficio. Cuando otras personas tienen problemas, nos mantenemos desapegados e incluso podemos darles consejos prácticos. Pero, cuando somos nosotros los que nos enfrentamos a los mismos problemas, nos hundimos. Esa derrota se debe al sentido del «yo» y de «lo mío».

Una vez, un discípulo le preguntó a su guru:

—Maestro, es difícil verlo todo con la actitud de un testigo. ¿Cómo es posible hacerlo?

El guru no respondió. El discípulo había cometido algunos errores por descuido, pero el guru dijo que otra persona había cometido esos errores. El discípulo le escuchó con una sonrisa. De repente, el guru dijo:

—Él no hizo ninguna de esas cosas. Fuiste tú quien cometió todos esos errores.

Al oír esto, el discípulo palideció y bajó la cabeza, avergonzado. El guru dijo entonces:

—Cuando señalé tus errores, te pusiste triste. Pero, cuando le eché la culpa a otra persona de esos errores antes, fuiste capaz de oírlo con la actitud de un testigo. Por tanto, tienes la capacidad de ser un testigo. Cuando te des cuenta de que todo lo que ahora asocias con el «yo» no es el verdadero Tú, serás capaz de adoptar la actitud de testigo. Tenemos la capacidad de observar constantemente nuestros pensamientos y acciones. Si puedes cultivar más esta conciencia, serás capaz de permanecer como testigo en todas las circunstancias y aceptarlo todo con una sonrisa. Nada podrá afectar tu equilibrio mental.

Mientras viajamos en autobús, es posible que veamos muchas escenas hermosas: grandes edificios y preciosos jardines. También podemos ver cosas inquietantes. Sin embargo, no nos afectan porque sabemos que no son nuestro destino. Debemos ser capaces de ver los pensamientos que pasan por la mente de la misma manera. Verlo todo, pero permanecer ajenos a todo. Eso es lo que tenemos que cultivar.

96. El descontento

Hijos, a menudo nos sentimos tristes pensando en la buena fortuna de los demás y en nuestras propias dificultades en la vida. Nos esforzamos constantemente por ser otra persona. Una mujer quiere ser un hombre. Un hombre quiere ser una mujer. Un niño quiere ser adulto. Los viejos quieren ser jóvenes. Somos muy conscientes de todo lo que nos falta, pero no valoramos las bendiciones que Dios nos ha dado.

Un hombre le rezó a Dios:

—Señor, mi mujer no es consciente de mis penurias. Yo trabajo todo el día mientras ella se queda en casa cómodamente. Tengo una petición: cámbiame a mí por ella y cámbiala a ella por mí.

Inmediatamente, oyó la voz de Dios:

—Te concedo tu petición.

Cuando despertó al día siguiente, se dio cuenta de que se había convertido en una mujer. Su esposa, que se había convertido en un hombre, solo tuvo que levantarse a las ocho, bañarse tranquilamente e ir a trabajar, mientras que él, que se había convertido en mujer, tuvo que levantarse temprano. Hizo el desayuno, barrió y limpió toda la casa y después bañó y dio de comer a los niños. Cuando terminó ya era la hora de que el marido se fuera a trabajar. Tras darle la ropa planchada, llevó a los niños al colegio. A la vuelta, paró en el mercado a comprar verduras. Al llegar a casa, lavó la ropa y se puso a preparar la cena. De repente, se puso a llover. Corrió a recoger la ropa que había tendido y dobló la que estaba seca. Pronto llegaron su marido y sus hijos. Les dio té y galletas. Después encendió la lámpara de oración y se sentó a rezar. Hizo que los niños se pusieran con los deberes. Después de servirle la cena a su marido, empezó a hacer los preparativos necesarios para el día siguiente.

Así pasaban los días. El marido convertido en esposa estaba agotado. Le rezó a Dios:

—Señor, querer convertirme en una mujer fue un gran error. Estoy agotado. Por favor, vuelve a convertirme en un hombre.

El Señor respondió:

—De acuerdo, pero debes esperar nueve meses.

—¿Por qué, mi Señor?

—Porque estás embarazada.

Todos somos como el marido de la historia. Nos empeñamos en compararnos con los que están mejor y son más capaces. No nos damos cuenta de que somos mucho más afortunados que muchas personas que se encuentran en situaciones mucho peores.

Todos los seres del mundo son únicos. Cada uno ocupa un lugar singular en el universo. Comprendiendo esto, debemos despertar nuestro potencial y la confianza en nosotros mismos y desempeñar nuestro papel en el mundo. Solo entonces estaremos satisfechos.

97. El Día Internacional de la Mujer[17]

Hijos, hace unos días vino a verme una mujer con sus dos hijos pequeños. Llorando, me dijo:

—Amma, mi marido gasta todo lo que gana en comprar alcohol. En casa hay peleas todo el tiempo. No hay paz en absoluto. Incluso me pega y me grita delante de los niños. No puedo cuidar bien de mis hijos. Amma, por favor, sálvame.

Hay muchas mujeres así en nuestro país que no dejan de derramar lágrimas de dolor. No digo que los hombres no sufran; algunos indudablemente lo hacen; pero, si miramos el mundo, veremos que el 90% de los que sufren penurias son mujeres.

Tanto los hombres como las mujeres anhelan amor. Hay que dar amor continuamente para que la corriente de amor no se interrumpa. Si una parte deja de expresar amor, tarde o temprano la otra también dejará de hacerlo.

Tanto los hombres como las mujeres tienen sus defectos. Pero, si nos hacemos daño en la mano izquierda, ¿no nos la acaricia la derecha? Del mismo modo, tanto las mujeres como los hombres deben soportar pacientemente los defectos del otro. Deben apoyarse mutuamente. Desgraciadamente, el ego y el egoísmo aparecen ahora donde se debería expresar el amor. Ello acaba conduciendo a la opresión y la explotación.

Los hombres son físicamente más fuertes que las mujeres. Esa fuerza no es para oprimir a las mujeres, sino para protegerlas. Podríamos preguntarnos: si las mujeres necesitan ser protegidas,

[17] Celebrado el 8 de marzo todos los años.

¿no significa eso que son débiles? El primer ministro está rodeado de un anillo protector de agentes de policía. ¿Se debe a que es débil? No, se protege al primer ministro en interés del país; es la obligación de la nación. Del mismo modo, proteger a las mujeres es el deber de los hombres y también redunda en su propio interés. La mujer es la madre del hombre. No olvidemos que todo hombre se nutrió de la leche materna.

En muchas aldeas indias, es difícil encontrar novios para mujeres sin estudios que tengan más de veinticinco años. Sin estudios, es difícil encontrar trabajo. En consecuencia, esas mujeres sufren como huérfanas no deseadas el resto de su vida. ¿Quién es responsable de eso? Es un error echarles la culpa solo a los hombres. Las madres deben darles a sus hijas las mismas oportunidades en todos los campos y prepararlas para que adquieran las destrezas necesarias para conseguir un empleo.

Las madres deben inculcar a sus hijos desde la infancia la conciencia de que los niños y las niñas son iguales. Condicionadas por sus madres desde una edad temprana, las mujeres han olvidado su propia fuerza. Han sido criadas como plantas en maceta. Son como un aguilucho criado por una gallina. Engañado, pensando que también es una gallina, el aguilucho no vuela. Hasta sus alas le resultan pesadas. Del mismo modo, en lugar de permitir que las mujeres despierten plenamente la confianza en sí mismas, la sociedad ha obstaculizado su inmenso poder. Muchos hombres se comportan como si las mujeres estuvieran por debajo de ellos. En última instancia, eso resulta perjudicial para los propios hombres, ya que no obtienen consuelo ni inspiración de las mujeres.

Las mujeres y los hombres son las dos alas de la sociedad. Amma sueña con un futuro brillante en el que hombres y mujeres desempeñen el mismo papel, como las dos alas de un pájaro, en la creación de una sociedad mejor. Solo mediante esa igualdad puede evolucionar la humanidad.

El hombre y la mujer

Hijos e hijas, en todo el mundo se está debatiendo sobre la igualdad de derechos de la mujer en el trabajo y en otros ámbitos de la vida. Es el comienzo del cambio. Durante mucho tiempo, a falta de estos debates, las mujeres han sufrido injusticias en silencio. Las mujeres son discriminadas de muchas maneras, incluso en países que pretenden ser progresistas, desarrollados y modernos.

El falso orgullo y la creencia egoísta de que son superiores a las mujeres se han instalado en la mente de los hombres. Pero las mujeres podrían pensar: «Durante todo este tiempo, los hombres nos han controlado y oprimido. Hay que darles una lección». Mujeres y hombres deben dejar de competir para demostrar quién es superior. Mientras no se acepten y se respeten mutuamente, sus vidas serán como dos orillas separadas de un río que no están unidas por un puente.

Se estaba celebrando una boda. Cuando llegó el momento de firmar el acta matrimonial para que fuera legal, el marido firmó primero. Y, en cuanto la esposa firmó, el marido proclamó a gritos:

—¡Se acabó! ¡Este matrimonio se ha acabado! Quiero el divorcio ahora mismo.

Todos se quedaron estupefactos. El registrador preguntó:

—¿Está loco? ¿Qué ha pasado para provocar esta reacción?

El novio respondió:

—¿Qué ha pasado? Abra los ojos y mire. ¿Ve mi firma? Qué pequeña y compacta es. Ahora mire su firma. Qué larga es. ¿Quién necesita una página entera para firmar? Sé lo que eso significa. También me va a menospreciar en la vida.

Volviéndose hacia la novia, le dijo:

—¡Guárdate esas ambiciones para ti! Nunca conseguirás rebajarme.

Desde el principio, la mayoría de las mujeres y los hombres empiezan con mal pie.

«Siempre adelante»: este parece ser el lema de las mujeres de hoy. En efecto, deben progresar; pero, de vez en cuando, también deben volverse para mirar al niño que viene detrás gateando. La madre debe tener algo de paciencia por el bien del niño. No basta con darle espacio solo en el vientre materno. También debe tener espacio para el niño en el corazón.

Las mujeres y los hombres deben apoyarse mutuamente, comprendiendo y aceptando los puntos fuertes y las limitaciones de cada uno. La forma ideal de conquistarse mutuamente es por medio de la humildad y el amor. Solo si las mujeres y los hombres despiertan por igual y actúan podrá llegar el comienzo de una nueva era de amor, compasión y prosperidad.

La protección de las mujeres

Hijos, los ataques contra las mujeres han vuelto a estar en el punto de mira de los medios de comunicación. Solo vemos la punta del iceberg; el resto permanece sumergido en el mar. Lo mismo ocurre con la cobertura mediática de estos ataques.

Cuando cruzamos una carretera con mucho tráfico, tenemos cuidado. De lo contrario, podríamos sufrir un accidente. Actualmente, las mujeres deben tener la misma precaución. Hay que enseñarles a todos los niños la naturaleza del mundo, habitado por personas que pueden atacarles, explotarles o comportarse groseramente con ellos. Debemos enseñarles a nuestros hijos a responder adecuadamente a esas personas.

Actualmente, los jóvenes quieren relacionarse libremente con los demás. Al hacerlo, no dudan en infringir los límites que la sociedad ha trazado porque creen que hacerlo es progresar. Pero el progreso no consiste en una libertad excesiva y una falta de responsabilidad. Del mismo modo, salvaguardar los valores no es ni represión ni tiranía. Lo que hace falta es la clase de comportamiento que mostraríamos naturalmente ante nuestros padres y hermanos. Al mismo tiempo, debemos ser conscientes de las situaciones y ejercer autocontrol. Hace falta un cambio radical en la forma de pensar de la sociedad. Los padres, los profesores, los medios de comunicación, los artistas y los escritores desempeñan un papel decisivo para ello. Deben evitar transmitir mensajes equivocados a la sociedad. Deben transmitir, en cambio, los mensajes adecuados. Los medios de comunicación tienden a presentar a las mujeres como objetos de entretenimiento y a dar un carácter sensacionalista a los ataques contra ellas. Debemos ser conscientes del impacto negativo de esas representaciones.

En nuestra sociedad, tanto los hombres como las mujeres están igualmente «condicionados». Un elefante puede estar bien atado a un árbol pequeño. En realidad, podría arrancarlo fácilmente de raíz e irse, pero, debido a la intimidación a que ha sido sometido desde la infancia, ha olvidado su fuerza y no intenta liberarse de su cautiverio. Hasta cierto punto, eso también ocurre con las mujeres. Durante generaciones, los hombres han gozado de prioridad sobre las mujeres y de más autoridad que ellas. Por eso, son incapaces de cambiar en función de los tiempos. Tanto los hombres como las mujeres deben intentar desprenderse de su condicionamiento a cualquier precio.

La lujuria y la ira forman parte de la naturaleza humana. Debemos formar a nuestros hijos para que gestionen bien esas emociones. Tanto los niños como las niñas deben recibir desde la infancia los conocimientos y los valores adecuados.

Nuestra cultura nos enseñó a ver a las mujeres como madres y a las niñas como hermanas. Recuperemos esa noble cultura.

La libertad de la mujer

Hijos, los hombres y las mujeres no son dos entidades separadas, sino dos manifestaciones de la misma verdad. Hay una mujer en cada hombre y un hombre en cada mujer. Por tanto, son iguales.

Sus dharmas (deberes) no son mutuamente contradictorios, sino complementarios.

El hombre no debe convertir la sociedad en una carretera de una sola dirección en la que solo él pueda progresar. La sociedad debe convertirse en una autopista en la que las mujeres también disfruten de la misma libertad para avanzar.

Algunos hombres actúan como si las mujeres fueran inferiores. Esa actitud perjudica a los hombres porque las dificultades a las que se enfrentan las mujeres, que también son madres, afectarán a sus hijos. Si las mujeres se desaniman, los hombres no recibirán de ellas el aliento, la inspiración y la ayuda necesarios. El avance de las mujeres es una ventaja para los hombres y viceversa. Descuidar a las mujeres conducirá a la caída de los hombres.

Amma recuerda una historia. Un grupo de viajeros cruzaba un puente de madera sobre un río de rápida corriente. De repente, el puente se rompió. Cuatro de los viajeros se agarraron a una cuerda. Uno de ellos era una mujer. Se aferraron a la cuerda con la esperanza de que alguien los rescatara pronto. Cuando vieron que la cuerda se rompía bajo su peso, decidieron que uno de ellos tendría que saltar al río para evitar que la cuerda se partiera. Los hombres miraron a la mujer esperando en silencio que ella saltara al río. Ella aceptó; pero, antes de saltar, pronunció un glorioso sermón sobre la grandeza del sacrificio. Cuando hubo terminado, los tres hombres empezaron a aplaudir instintivamente. Podéis adivinar lo que ocurrió después.

Las madres deben recordar una cosa: deben inculcar a sus hijos la conciencia de que los niños y las niñas son iguales. Deben dar a las niñas las mismas oportunidades de participar y estar expuestas a todas las esferas de actividad, aumentando así su confianza en sí mismas. Las niñas deben recibir educación, al igual que los niños, y estar dotadas con las habilidades que se requieren para conseguir un trabajo. Así habrá más respeto mutuo entre los chicos y las chicas. Esta actitud seguirá prevaleciendo incluso cuando crezcan.

Tanto los hombres como las mujeres deben comprender que una libertad excesiva no da la felicidad. La mente del marido y la de la mujer deben estar unidas en el amor. Deben abrirse mutuamente. Deben convertirse en la fuerza y la inspiración del otro. Deben proporcionarse socorro y apoyo mutuamente y convertirse en fuente de felicidad para el otro.

Conoce el corazón y actúa

Hijos, si queremos ver el amanecer de la paz y la armonía en el mundo, debemos empezar en casa. El noventa por ciento de los problemas de la familia se deben a heridas antiguas no curadas. Todos vivimos con muchas de esas heridas sin curar. La manera de sanar esas heridas es que la esposa y el marido se abran mutuamente.

Algunos hombres no tienen paciencia para escuchar nada de lo que les diga su mujer. Piensan que las mujeres son unas debiluchas. Creen que lo que una mujer diga no tiene ningún peso. Eso no quiere decir que las mujeres no tengan defectos. Algunas mujeres dan una importancia indebida a asuntos nimios y lloran por ellos. Por lo general, las mujeres no pueden contener sus emociones. Las expresan. Pero los hombres son muy diferentes. Mantienen ocultas sus emociones. En lugar de esperar de las mujeres que sean como ellos, deben cultivar la paciencia de escuchar a las mujeres cuando expresen sus sentimientos de dolor y sufrimiento. Que no las vean como meros objetos de placer o como sirvientas. Su corazón también anhela amor. Así que, en lugar de darlas de lado, los hombres deben buscar el tiempo y la paciencia para escucharlas. Si los hombres no están dispuestos a hacerlo, las mujeres podrían buscar otro lugar para descargar su corazón.

Igualmente, las mujeres también tienen que estar dispuestas a entender el corazón del marido y actuar en consecuencia. De lo contrario, él podría buscar otro lugar donde descargar su corazón. Los maridos suelen llegar a casa tras un día difícil en el trabajo, donde han tenido que soportar los embates de la ira de su superior. Si la mujer lo recibe con cara taciturna y palabras coléricas, se sentirá aún más molesto. Por tanto, ella debe intentar entender el estado mental de él.

Si tanto el marido como la mujer trabajan, deben consolarse entre sí. Solo si se abren mutuamente y expresan lo que están sintiendo se podrán resolver los problemas. Cuando haya más amor y confianza recíprocos, los problemas disminuirán. Ese amor y confianza serán los cimientos de una buena familia. Si los rechazamos a sabiendas o involuntariamente, los problemas aumentarán.

Se dice que una mujer debe tener tres actitudes: la de madre, esposa y amiga. Igualmente, el hombre también tiene su propio dharma que cumplir.

Hijos, que os améis mutuamente y seáis uno.

98. Expresad el amor

Hijos, muchas mujeres le dicen a Amma: «Cuando le cuento mis penas a mi marido, se limita a gruñir. No me dice ni una palabra de consuelo. Tampoco me demuestra el menor amor». Cuando Amma pregunta a los maridos sobre ello, responden: «No es así. Yo quiero mucho a mi mujer, pero no hace más que quejarse». Así que, aunque ambos tengan amor, ninguno de ellos se beneficia de él. Es como vivir a orillas de un río y morirse de sed.

En realidad, hay amor dentro de todos; pero el amor que no se expresa es como miel atrapada en una roca: no podremos disfrutar de su dulzor.

Como no conocemos el corazón del otro, no basta con mantener nuestro amor encerrado en el corazón. Hay que expresarlo con palabras y con hechos. Debemos amar abiertamente y compartir nuestro amor con los demás.

Una vez, un sanyāsī visitó una cárcel e intercambió los cumplidos de rigor con los reclusos. Entre ellos había un delincuente juvenil. Al ver la suerte que había corrido el chico, al sanyāsī se le ablandó el corazón. Se acercó al muchacho, le acarició suavemente la espalda y le preguntó:

—Hijo mío, ¿cómo has caído en compañía de estos delincuentes?

Mientras hablaba, los ojos del sanyāsī se llenaron de lágrimas.

Al verlo, el chico dijo suavemente:

—Si hubiera habido alguien que pusiera su mano cariñosa sobre mi hombro cuando era más joven y me hubiera dicho palabras afectuosas, no habría llegado a este lugar.

Hay que mostrar amor a los niños. Hay que enseñarles a recibir y dar amor.

El amor no está para esconderlo en el corazón, sino para expresarlo con palabras, miradas y actos. El amor es la riqueza que da más felicidad al que la da que al que la recibe. Es una riqueza de la que no somos conscientes, aunque la tengamos en nuestras manos.

Por tanto, despertemos nuestro amor interior. Que fluya hacia el mundo en cada una de nuestras miradas, palabras y acciones. Que fluya sin que la frenen los muros de la casta, el credo o el clan. Que los corazones se abracen mutuamente, despierten la alegría interior y compartan esa dicha con los demás. Que la corriente del amor acaricie a todos los seres. Que, de ese modo, nuestra vida en la Tierra sea bendecida.

99. El vínculo entre el marido y la esposa

Hijos, para disfrutar de una vida matrimonial feliz son esenciales la comprensión mutua, la buena voluntad y la disposición a comprometerse. Solo así podrán las parejas superar los retos que surjan en su matrimonio. Los lazos familiares se están debilitando en nuestro país. Los divorcios aumentan cada día.

Tanto el hombre como la mujer deben comprender que, desde el punto de vista emocional, son muy diferentes. El hombre vive en el cerebro y la mujer, en el corazón. Más que cualquier otra cosa, la mujer anhela el apoyo emocional de su marido. Quiere un marido que le muestre amor y atención y que esté dispuesto a escucharla con comprensión. El marido anhela la atención, la aceptación, el amor y el respeto de su esposa. Si hay amor, ambos se servirán mutuamente y encontrarán la felicidad en ello.

Comprenderse y confiar el uno en el otro mientras se mantiene amorosamente la vida matrimonial no es tarea fácil. Se necesita mucha paciencia y tolerancia. A menudo, las personas que se casan son inmaduras e incapaces de comprender los pensamientos y las necesidades emocionales de su pareja. El amor no es la atracción física que se siente por el otro. El verdadero amor es la unión de las almas.

Actualmente, muchos jóvenes sueñan con el tipo de vida matrimonial que ven en la televisión o en las películas, y se desilusionan cuando son incapaces de recrearla en su propia vida. Amma recuerda un suceso. Una joven quedó fascinada por una película que vio antes de casarse. El marido y la esposa de la película eran muy ricos. Tenían una casa grande, un coche caro, ropa de moda y toda clase de lujos. Siempre estaban contentos. Después de ver la película, la chica empezó a imaginarse una vida así. Pronto se casó; pero su marido tenía un trabajo corriente. La mujer quería un coche y saris nuevos, e iba al cine todos los días. ¿Qué podía hacer el pobre marido? La mujer se sentía muy decepcionada. Empezaron a pelearse y ambos perdieron la tranquilidad. Finalmente, se divorciaron.

Los jóvenes de ambos sexos no solo deben aspirar a tener unos buenos estudios y una buena carrera. También deben prepararse mentalmente, incluso antes de casarse, para una vida matrimonial feliz. En el matrimonio, ninguno de los cónyuges tiene derecho a estar exigiendo cosas constantemente. Ambos deben estar dispuestos a amarse y cooperar entre sí y esperar pacientemente a que su amor y su cooperación sean correspondidos. En la vida personal de cada uno surgirán muchos problemas. Cuando eso ocurra, deberán ser una fuente de fortaleza y consuelo para el otro. Así, su amor crecerá de forma natural.

El amor y el sacrificio son las dos alas de la vida de familia que ayudan a las parejas casadas a volar hacia el cielo de la alegría y la satisfacción.

100. La pena y la compasión

Hijos, a primera vista, la pena y la compasión parecen iguales; pero, si miramos más profundamente, veremos que hay un mundo de diferencia entre ambas. La pena es un sentimiento momentáneo que pasa por la mente al ver la triste situación de otra persona. Ese sentimiento no nos afecta profundamente ni nos influye mucho. Al ver el dolor de la otra persona, uno puede ofrecer un poco de ayuda o decir una palabra amable para aliviar su propia angustia. La compasión, sin embargo, es un estado en el que se experimenta el dolor del otro como propio. Aquí no hay dualidad, sino identificación y unidad. Cuando se daña la mano izquierda, la derecha la acaricia porque el dolor pertenece al todo único e indiviso.

Una vez, un discípulo le preguntó a un guru:

—¿Qué es la verdadera compasión?

El guru llevó al discípulo a una calle cercana al āśhram y le pidió que observara atentamente a un mendigo que estaba sentado al borde del camino. Al cabo de un rato, una pobre anciana que pasaba por allí echó una moneda en su cuenco de pedir. Momentos después, un hombre rico le dio al mendigo cincuenta euros. Poco después pasó un niño y, al ver al mendigo, le sonrió dulcemente. El niño se acercó y habló con el mendigo como si fuera su hermano mayor. El mendigo se sintió emocionado y complacido. Volviéndose hacia su discípulo, el guru le preguntó:

—¿Quién de los tres tenía verdadera compasión?

El discípulo respondió:

—El rico.

Sonriendo, el guru dijo:

—Él no tuvo ni una pizca de pena o compasión por el mendigo. Su única intención era exhibir su generosidad. La anciana sentía pena por el mendigo, aunque no lo consideraba como alguien propio ni sentía un intenso deseo de aliviar su pobreza. El niño tuvo compasión porque se comportó como si el mendigo fuera de su propia familia. Aunque no podía ayudar materialmente al mendigo, hubo empatía y un vínculo entre dos corazones. Lo que el niño demostró fue verdadera compasión.

Lo que el mundo necesita en la actualidad no es una pena pasajera, sino compasión sincera. La compasión nace en el corazón que ve las alegrías y las tristezas de los demás como propias. Ese corazón estará lleno de amor y dispuesto a servir. La compasión es la única medicina que puede curar las heridas del mundo.

101. Transigir

Hijos, todo el mundo sueña con una vida de familia llena de amor y unidad. Pero hoy en día vemos en todas partes familias que se rompen por cuestiones triviales. Aunque lo único que haya para comer en casa sea un puñado de arroz, ese hogar será un cielo si está lleno de amor y unidad. Por el contrario, aunque haya dinero y riqueza en abundancia, si los miembros de la familia están constantemente enfrentados entre sí, ese hogar será un verdadero infierno.

Muchas peleas se producen por tonterías. Algunas mujeres dicen: «Mi marido siempre dice que me quiere mucho. ¿Cómo puedo creerle si ni siquiera se acuerda de nuestro aniversario de boda? No puedo perdonárselo. No quiero vivir con él».

Muchos cónyuges se quejan de lo mismo. Olvidar la fecha del aniversario de boda podría no reflejar una falta de amor. Podría haberlo olvidado por otros motivos. En esas situaciones, ambas partes deben estar dispuestas a transigir.

Un hombre se sentó a desayunar con su hijo. Como era hora de irse a trabajar, su mujer le trajo rápidamente una dōśha (torta india) y chutney. Como había hecho la dōśha deprisa, la mayor parte estaba quemada. Sin embargo, el hombre se la comió sin hacer comentarios. Al verlo, su mujer se disculpó:

—Esta dōśha estaba quemada. Déjame que te prepare otra.

El marido respondió:

—No, está bien. Está crujiente y me encantan las dōśhas crujientes.

De camino a la oficina, el hombre llevó a su hijo al colegio. En el coche, el hijo le preguntó:

—Papá, ¿de verdad te gusta la dōśha quemada?

Él respondió:

—Querido hijo, tu madre estuvo anoche de guardia. Estuvo trabajando toda la noche y no durmió nada. Era ya por la mañana cuando llegó a casa. Debía de estar muy cansada y, sin embargo, nos hizo el desayuno. Ya nos había hecho muchos desayunos deliciosos, pero nunca le habíamos dicho lo rica que estaba la comida. Hoy, que está tan cansada, si le hubiéramos dicho que la dōśha estaba quemada y nos hubiéramos negado a comérnosla por eso, le habría dolido. No me importa comerme una dōśha ligeramente quemada para hacerla sentir feliz.

Hay que darse cuenta de que nadie es perfecto. El amor y la paz en la vida familiar solo pueden mantenerse si entre los miembros de la familia hay comprensión y una actitud de hacerse concesiones mutuas.

102. Adaptarse a las circunstancias

Hijos, el cambio es la naturaleza de la vida y en la misma hay que afrontar diferentes clases de situaciones. Hay que aprender a adaptarse a las situaciones cambiantes. Cuando conducimos, podemos encontrarnos con baches, curvas y cuestas, y en consecuencia cambiamos de marcha. Del mismo modo, en casa o en el trabajo debemos adaptarnos a las circunstancias cambiantes. Por ejemplo, aunque estemos enfadados con nuestro superior o no estemos de acuerdo con él en algunas cuestiones, sonreiremos y le ofreceremos amablemente un asiento cuando entre en nuestro despacho. De lo contrario, sabemos que nuestro trabajo podría verse afectado. Del mismo modo, en lugar de intentar cambiar los objetos y las personas a nuestro gusto, debemos adaptarnos a ellos.

Una mañana, mientras daba un paseo por las dependencias del palacio, el rey se golpeó accidentalmente el pie con una piedra. La herida empezó a sangrar. El rey se enfureció con sus ayudantes.

—¿Por qué no despejasteis este camino, sabiendo perfectamente que iba a pasar por aquí?

Ordenó que alfombraran todos los caminos de la ciudad antes de su paseo matutino del día siguiente.

Al oír esto, los ministros se quedaron estupefactos. Era imposible alfombrar todas las calles en un día. Se devanaron los sesos pensando cómo hacerlo. Finalmente, un anciano ministro tuvo una idea. Le dijo humildemente al rey:

—Majestad, en vez de alfombrar todas las calles de la ciudad, ¿no sería más práctico que llevara un buen par de zapatos cuando saliera a pasear por la mañana?

Los ojos se adaptan a las escenas cambiantes. La lente de los ojos se ajusta en función de si el objeto está cerca o lejos. Del mismo modo, hay que adquirir la capacidad de adaptarse a las circunstancias siempre cambiantes de la vida. Si lo conseguimos, el mundo se convertirá para nosotros en un cielo en la Tierra.

Hay que comprender y asimilar los principios espirituales para conservar la ecuanimidad en medio de las vicisitudes de la vida. El conocimiento espiritual es como la suspensión de los vehículos, que ayuda a amortiguar el impacto de viajar por carreteras llenas de baches. La vida también tiene altibajos. Si nuestra perspectiva está firmemente arraigada en el conocimiento espiritual, seremos capaces de mantener el equilibrio mental en todas las vicisitudes de la vida.

103. Palabras y obras

Hijos, vivimos en una época donde se dan constantes charlas y conferencias por todo el país. Lo que importa no es lo que se dice o se oye, sino la convicción del orador y la medida en la que el oyente asimila lo que oye.

Una vez, los miembros del comité de un templo invitaron a un mahātmā (alma espiritualmente iluminada) a impartir una serie de conferencias en las fiestas del templo. A la primera charla asistieron dos mil personas que disfrutaron tanto de la charla que volvieron al día siguiente para volver a escucharle. Pero el mahātmā repitió lo que había dicho el día anterior. En consecuencia, el tercer día asistió menos gente. Como el santo seguía dando la misma conferencia día tras día, el número de los que acudían a escucharle empezó a disminuir. Al final de la semana, solo un puñado de personas acudió a escucharle. Al octavo día, solo un devoto asistió a la charla y ese día el santo habló sobre un nuevo tema. Cuando terminó la conferencia, el devoto le preguntó:

—Todos estos días has hablado del mismo tema; pero hoy, cuando yo era la única persona que asistía a tu charla, has empezado a hablar de un tema nuevo. ¿Por qué?

El mahātmā respondió:

—Ninguno de los que vinieron a oírme aplicó en su vida los principios de los que hablé. Por eso repetí una y otra vez las mismas ideas. Pero tú asimilaste en tu vida dos de los valores de los que hablé. Ayer, cuando un mendigo fue a tu casa a pedirte ropa, le diste sin dudarlo un traje, aunque no te lo podías permitir. Hoy, cuando has venido al templo, el oficial de seguridad te ha reprendido por dejar las zapatillas en el lugar incorrecto. Pero no perdiste la compostura. Te has disculpado con calma y has puesto las zapatillas en el lugar adecuado. Así que has aplicado en tu vida los dos valores que subrayaba en mis charlas. Cuando he estado seguro de que ponías en práctica lo que habías oído, empecé a hablar de un nuevo tema.

Cuando las palabras que oímos penetren profundamente en nuestro corazón, producirán un cambio en nosotros y se reflejarán en nuestra vida. Otros seguirán nuestro ejemplo. Los valores transmitidos de este modo de una persona a otra provocarán un cambio positivo en el conjunto de la sociedad.

104. En busca del placer

Hijos, algunas personas preguntan: «¿No es la juventud el momento de disfrutar de los placeres de la vida? ¿No basta con pensar en Dios y en sanyāsa (la vida de renuncia) cuando uno es viejo?».

Nadie dice que no debamos disfrutar de los placeres de la vida. Pero, si vivimos sin comprender determinadas realidades de la vida, en lugar de encontrar la felicidad, nos encontraremos abrumados por el dolor. De hecho, la espiritualidad no es otra cosa que la búsqueda de la felicidad. Es la búsqueda más sabia.

Sin darnos cuenta, perdemos la fuerza mientras disfrutamos de los placeres mundanos, mientras que nuestra mente se llena de paz y felicidad cuando pensamos en Dios. Por tanto, debemos esforzarnos por superar nuestros defectos interiores mientras el cuerpo aún está sano. Si lo hacemos, no tendremos que temer el futuro ni tampoco preocuparnos en el presente.

Amma recuerda una historia. En un país, cualquier ciudadano tenía derecho a convertirse en rey. Sin embargo, había ciertas condiciones. Solo podía ser rey durante cinco años. Después, era desterrado a una isla cercana que estaba habitada por animales feroces. Allí no había humanos, ya que los animales salvajes devoraban a cualquiera que se acercara a la isla. A pesar de saberlo, muchos se presentaban para gobernar el país durante cinco años, tentados por la perspectiva de los placeres y el poder reales.

Al principio, todos los nuevos reyes se sentían felices, pero pronto les invadían el miedo y la ansiedad, pues sabían que, tras cinco años de reinado, los animales salvajes se los comerían. La tristeza les nublaba permanentemente el rostro. Nada les entusiasmaba: ni la suntuosa comida, ni la opulencia palaciega, ni los sirvientes atendiendo todas sus necesidades, ni el constante fluir de la música y la danza en la corte real. Nada les interesaba. Cuando terminara su reinado, los llevarían a la isla donde serían devorados al instante por los animales salvajes.

Entonces llegó un joven que quería ser rey. A diferencia de sus predecesores, este nuevo rey no mostraba ninguna tristeza. Se preocupaba por el bienestar de sus súbditos, cumplía con sus deberes como rey y pasaba su tiempo libre disfrutando de la danza y la música. Montaba a caballo y cazaba. Siempre estaba alegre. Pasaron los años y su reinado empezó a acercarse a su fin. Ni siquiera entonces cambió su comportamiento. Todos estaban asombrados. Le preguntaron:

—Aunque se acerca el día en que serás enviado a la isla, no pareces preocupado en absoluto. ¿Cuál es tu secreto?

El rey respondió:

—¿Por qué debería afligirme? Estoy preparado para ir a la isla. En cuanto me convertí en rey, lo primero que hice fue llevar el ejército a la isla y limpiarla de animales salvajes. También despejé parte de la selva y la convertí en tierras de cultivo. Hice cavar pozos y construir casas. Contraté trabajadores. Reasenté a mucha gente allí. Ahora solo tengo que mudarme. Aunque vaya a dejar el trono, seguiré viviendo en la isla como un rey.

Hijos, hay que vivir como este rey. Mientras vivamos en el mundo, debemos hacer todo lo necesario para encontrar el camino hacia la felicidad eterna. La vida mundana nunca puede darnos satisfacción duradera. Mientras bebemos pāyasam (pudín dulce), podemos sentirnos saciados. Pero, al cabo de un rato, el ansia de pāyasam será el doble de fuerte. Por tanto, nunca pensemos que podremos buscar a Dios después de haber disfrutado de los placeres mundanos.

Si queremos superar el dolor, debemos esforzarnos por hacerlo mientras el cuerpo y la mente aún están sanos. Debemos abandonar la idea de que solo hay que pensar en Dios cuando se es un anciano. Sin posponer la búsqueda de Dios ni un solo día, hay que realizar todas las acciones con el corazón firmemente fijado en Dios incluso desde una edad temprana. Hagamos prácticas espirituales. Entonces, podremos vencer la muerte y ser siempre felices.

105. El anhelo

Hijos, la devoción es el amor supremo por Dios. Hay que tener el mismo deseo ardiente de fundirse en Dios que alguien que esté atrapado en una casa en llamas tratando desesperadamente de escapar del fuego. La devoción solo llega a su culminación cuando existe esa intensidad. Algunas personas se preguntan: «Dios habita en nosotros. ¿Por qué necesitamos entonces tener un anhelo tan intenso?». Aunque Dios está dentro de nosotros, somos incapaces de sentir su presencia porque nuestra mente persigue objetos externos. Hace falta ciertamente un anhelo intenso para atar esa mente a Dios. Si se nos mete una mota de polvo en el ojo, no conoceremos la paz hasta que nos la saquemos. Hay que tener ese mismo deseo devorador de alcanzar a Dios.

Una vez el sabio Nārada vio a algunos sacerdotes con aspecto abatido. Cuando les preguntó por qué estaban tristes dijeron:

—Llevamos muchos años realizando yajñas (ritos en el fuego sagrado), pero aún no hemos visto a Dios.

Nārada dijo:

—Es cierto que habéis realizado yajñas durante años; pero ¿tenéis un amor inocente por Dios? Conozco a un pescador que anhelaba ver a Dēvī. Acudió a su guru, que le aconsejó: «Si llamas a Dēvī con tanto ardor como un hombre retenido bajo el agua anhela el aire, Ella vendrá a ti». El hombre tenía plena fe en las palabras del guru. Sin pensar en absoluto en su cuerpo, su hogar o incluso su vida, decidió: «No saldré a tomar aire hasta que haya visto a la Madre». Y gritando —¡Madre!—, se sumergió en el agua.

Dēvī apareció inmediatamente ante él y le preguntó: «Hijo, ¿por qué me has llamado? ¿Qué quieres?». El pescador respondió: «No necesito nada. Solo quería verte. Madre, bendice al mundo. Y, por favor, siempre que tengas hambre ven a mi casa a comer algo».

Nārada continuó:

—Llama a Dios con el mismo amor y anhelo inocente que el pescador. Dios aparecerá ciertamente ante ti.

Dios y el jīva (sí mismo individual) no están separados. Como una gota de agua que anhela fundirse en el mar, todos los jīvas tienen el anhelo interior de llegar a ser uno con Dios. Pero, por el momento, ese anhelo está dormido. Mediante el recuerdo constante de Dios y las acciones dedicadas a Él, podemos despertar ese amor y ese anhelo.

Debemos alcanzar un estado en el que sintamos que ya no podemos vivir sin Dios. Cuando hayamos conseguido ese anhelo tan intenso, la vida alcanzará su plenitud.

106. La fuerza interior

Hijos, los problemas y los retos forman parte inevitable de la vida. Podemos flaquear cuando nos encontramos cara a cara con problemas o caer en la desesperación o el miedo. Pero nunca hay que olvidar que poseemos la fuerza interior necesaria para superar las circunstancias desfavorables. Podemos despertar ese poder mediante una fe optimista y una actitud de no rendirse nunca.

Una vez una rana cayó en un agujero mientras iba saltando por un camino. Intentó salir, pero no lo consiguió. Un conejo que pasaba por allí vio la situación de la rana y se compadeció de ella. Intentó ayudarla, pero no lo logró. El conejo llamó a sus amigos, que también intentaron sacar a la rana; pero sus intentos también fracasaron. Para entonces, estaban agotados y hambrientos. Le dijeron:

—Comeremos algo y volveremos con comida para ti. Por favor, espera pacientemente hasta entonces.

Y se marcharon. No habían recorrido más que una pequeña distancia cuando vieron, asombrados, a la rana saltando delante de ellos. A una sola voz, los conejos preguntaron:

—¿Cómo has salido tan deprisa?

La rana respondió:

—Me sentía abatida, pensando que nunca podría salir. Fue entonces cuando vi un camión que venía hacia mí. Sin pensarlo más, salté, ¡y aquí estoy!

Debemos ver los problemas que surgen en la vida como circunstancias creadas por Dios para despertar nuestra fuerza interior.

Cuando nos clavemos una espinita en el pie, caminaremos con más conciencia y así nos salvaremos de caer en un gran pozo.

Si seguimos levantando solo pesas pequeñas, nunca llegaremos a ser campeones de halterofilia. Hay que aumentar gradualmente los pesos que se levantan para llegar a ser un campeón. Podemos empezar levantando un disco de 25 kilos. Luego debemos aumentar el peso que levantamos a 30 kg, 40 kg, 50 kg y así sucesivamente. Solo si entrenamos de este modo de forma constante podremos destacar en cualquier campo.

Los problemas y las crisis solo son medios para descubrir y despertar nuestra fuerza interior. Hay que aceptar todos los retos con esta comprensión. Donde hay esperanza y esfuerzo, la victoria está asegurada. Nunca debemos perder la esperanza.

107. Ámate a ti mismo

Hijos, vivimos en una época en la que no solo odiamos a los demás, sino también a nosotros mismos. Por eso aumentan los casos de depresión y los suicidios. Todas las religiones, maestros espirituales y psicólogos del mundo enseñan la importancia de amarse a uno mismo igual que amamos a los demás.

Generalmente, la gente piensa que quererse a sí misma significa mimar el cuerpo. Algunos se pasan horas frente al espejo nada más despertarse. Muchos invierten mucho en conservar su belleza física y su salud. No tienen reparos en gastar tiempo y dinero blanqueando la piel oscura, bronceando la piel clara, tiñendo el cabello blanco o coloreando el cabello negro. Nadie lo considera un despilfarro. Pero no prestan tanta atención a perfeccionar su inteligencia.

Había un supermercado de varios pisos que no tenía suficientes ascensores. Los clientes tenían que esperar mucho tiempo. Hartos de esperar, empezaron a quejarse en voz alta. El director se dio cuenta de que, si no resolvía el problema de inmediato, el negocio se vería afectado negativamente. Estudió varias soluciones y finalmente encontró una. Instaló espejos en el vestíbulo y en el interior del ascensor. A partir de entonces, no hubo quejas. Las personas que esperaban a los ascensores no se daban cuenta del paso del tiempo, pues estaban ocupadas peinándose, empolvándose la cara y pintándose los labios o delineándose los ojos, cosa que seguían haciendo incluso después de entrar en el ascensor.

Del mismo modo que nos tomamos la molestia de mantener el cuerpo limpio y con buen aspecto, debemos esforzarnos por mantener a raya los pensamientos y las emociones negativos, manteniendo así limpia nuestra mente. Igualmente, hay que entrenar el intelecto para pensar con discernimiento, exponiendo la mente a conocimientos que nos ayuden a hacerlo. De ese modo, podremos desvelar la divinidad interior. Eso es lo que significa realmente amarse a uno mismo.

108. Controlar la mente

Hijos, la mente es la que hace de la vida un cielo o un infierno. Por lo tanto, quien desee su propio bien debe controlar la mente. Para ello se necesitan dos cosas: un esfuerzo paciente y un entusiasmo incansable. Sin embargo, no hay que ejercer demasiada presión sobre la mente. No hay que controlar en exceso las necesidades básicas del cuerpo, como la comida y el sueño. Si ejercemos una presión excesiva sobre la mente, esta se agitará. Hay que controlarla gradualmente. Debemos darle al cuerpo y a la mente suficientes ocasiones de descanso y diversión. Al mismo tiempo, hay que seguir esforzándose al máximo por alcanzar la meta. No es fácil controlar la mente. Podemos fracasar. Aun así, hay que seguir intentándolo sin desanimarse.

Supongamos que sentimos muchas ganas de orinar mientras viajamos en autobús. Nos controlaremos de algún modo hasta la siguiente parada. No saltaremos del autobús en marcha. Del mismo modo, si la mente nos incita a hacer el mal por un placer pasajero, no debemos ceder. Hay que reflexionar y discernir, y así controlar la mente. Mediante la práctica constante, la mente quedará bajo nuestro control.

Algunos sostienen que no tiene sentido controlar emociones como la ira y la lujuria. Dicen que la lujuria es una especie de hambre que hay que calmar. Sin embargo, por muy hambrientos que estemos, no engulliremos todo lo que veamos delante de nosotros. Del mismo modo, aunque la ira y la lujuria sean emociones naturales, debemos tener cuidado de no darles rienda suelta. Podemos controlarlas, y ese control es necesario por el bien tanto del individuo como de la sociedad.

Lo que nos da fuerza para superar los obstáculos es centrarnos en el objetivo. Un estudiante que aspira sinceramente a sacar las mejores notas en un examen se creará un calendario de estudio y lo cumplirá. Sabe que, si se queda hasta tarde viendo la tele, no podrá levantarse temprano. Por tanto, reducirá el tiempo que pasa viendo la tele. Del mismo modo, sabe que, si come mucho por la noche, le resultará difícil levantarse temprano para estudiar. Teniendo en cuenta estos factores, se pondrá un horario. Tendrá cuidado de no comer, dormir, jugar o hablar demasiado. Del mismo modo, quien se sienta fuertemente impulsado a alcanzar su objetivo conseguirá sin duda controlar la mente.

Escuchar discursos espirituales y cultivar la compañía de buenas personas aumenta nuestra fuerza de voluntad. Las prácticas espirituales como la meditación y el japa (recitación repetida del mantra) calman y fortalecen la mente y nos permiten controlarla con facilidad.

Glosario

adharma: injusticia; desviación de la armonía natural.

Arjuna: un gran arquero y uno de los héroes del Mahābhārata. Es a Arjuna a quien se dirige Kṛiṣhṇa en la Bhagavad-Gītā.

artha: meta, riqueza, sustancia; uno de los cuatro puruṣhārthas (metas del esfuerzo humano).

āśhram: monasterio. Amma lo define como un compuesto: ā, «eso», y śhramam, «esfuerzo» (hacia el conocimiento del Yo Supremo).

Bhagavad-Gītā: «Canción del Señor», consta de dieciocho capítulos de estrofas en las que Kṛiṣhṇa da consejo a Arjuna. El consejo se da en el campo de batalla de Kurukṣhētra justo antes de que los rectos Pāṇḍavas luchen contra los malvados Kauravas. Es una guía práctica para superar las crisis en todos los ámbitos de la vida y es la esencia de la sabiduría védica.

bhajan: canto o himno devocional en alabanza de Dios.

bhakti: devoción por Dios.

Bhārat: India.

Bharata: hermano menor de Rāma; gobernó Ayōdhya como representante de Rāma mientras este se encontraba en el exilio.

bhaya-bhakti: devoción inspirada por el temor a las repercusiones de las malas acciones.

Bhīma: uno de los hermanos Pāṇḍava; guerrero de fuerza hercúlea; blanco de muchos de los ataques sádicos de Duryōdhana.

Bhīṣhma: patriarca de los clanes Pāṇḍava y Kaurava. Aunque luchó en el bando de los Kauravas durante la Guerra del Mahābhārata, defendió el dharma y simpatizó con los justos Pāṇḍavas.

darśhan: audiencia con una persona santa o una visión de lo Divino. El darśhan característico de Amma es un abrazo.

Daśharatha: padre de Rāma y rey de Kōśhala.

Dēvī: la Diosa / la Madre divina.

dharma: «lo que sostiene (la creación)». Se refiere a la armonía del universo, un código recto de conducta, el deber sagrado o la ley eterna.

dharmakṣhētra: «campo del dharma (rectitud)»; referencia al campo de batalla en el que se libró la Guerra del Mahābhārata.

Dhṛitarāṣhṭra: padre de los Kauravas.

Drōṇa: maestro tanto de los Pāṇḍavas como de los Kauravas en el Mahābhārata.

Duryōdhana: el mayor de los Kauravas; la encarnación del mal.

Gaṇapati: hijo de Śhiva con cabeza de elefante; invocado como el que elimina los obstáculos.

Gāndhārī: madre de los Kauravas; como expresión de solidaridad con su marido ciego, Dhṛitarāṣhṭra, se vendó los ojos después de casarse.

gōpa: pastor de vacas de Vṛindāvan.

gōpī: doncella lechera de Vṛindāvan. Las gōpīs eran conocidas por su ardiente devoción a Kṛiṣhṇa. Su devoción ejemplifica el amor más intenso por Dios.

guru: maestro espiritual.

gurukula: literalmente, el clan (kula) del preceptor (guru); escuela tradicional donde los estudiantes permanecían con el guru durante toda la duración de sus estudios de las escrituras.

Hanumān: el vānara (mono) discípulo y compañero de Rāma y uno de los personajes clave del Rāmāyaṇa.

hōma: antiguo ritual védico del fuego en el que se ofrecen oblaciones a los dioses mediante la ofrenda de ghi en un fuego consagrado; un dēva-yajña, uno de los cinco yajñas diarios que debe realizar un brahmán.

iṣhṭa dēvata: forma preferida de la divinidad.

japa: recitación repetida de un mantra.

jīva (jīvātmā): sí mismo o alma individual.

Kaikēyī: segunda esposa de Daśharatha y madre de Bharata (en el Rāmāyaṇa).

kalpavṛikṣha: árbol mítico que cumple los deseos.

kāma: deseo.

Kamsa: tío materno de Kṛiṣhṇa.

karma: acción; actividad mental, verbal y física; cadena de efectos producidos por nuestras acciones.

karma-yōga: el camino de la acción, el camino del servicio desinteresado.

Karṇa: hijo del dios Sol y de Kuntī, la madre de los Pāṇḍavas. Karṇa luchó del lado de los Kauravas en la Guerra del Mahābhārata.

Kauravas: los ciento un hijos del rey Dhṛitarāṣhṭra y la reina Gāndhārī, de los cuales el malvado Duryōdhana era el mayor. Los Kauravas eran enemigos de sus primos, los virtuosos Pāṇḍavas, contra los que lucharon en la Guerra del Mahābhārata.

Kṛiṣhṇa: de kṛiṣh, que significa «atraer» o «eliminar el pecado»; principal encarnación de Viṣhṇu. Nació en el seno de una familia real, pero fue criado por padres adoptivos, y vivió como vaquero en Vṛindāvan, donde fue amado y adorado por sus devotos compañeros, las gōpīs (lecheras) y los gōpas (vaqueros). Más adelante, Kṛiṣhṇa fundó la ciudad de Dwāraka. Fue amigo y consejero de sus primos, los Pāṇḍavas, especialmente de Arjuna, a quien sirvió como auriga durante la Guerra del Mahābhārata y a quien reveló sus enseñanzas como la Bhagavad-Gītā.

kṣhatriya: gobernante o guerrero; uno de los cuatro varṇas (clases sociales) de la antigua sociedad hindú.

Kuchēla: un pobre devoto de Kṛiṣhṇa. Gracias a las bendiciones del Señor, se volvió fabulosamente rico.

Kurukṣhētra: campo de batalla donde se libró la guerra entre los Pāṇḍavas y los Kauravas; también, metáfora del conflicto entre el bien y el mal.

Lakṣhmaṇa: hermano menor de Rāma.

lakṣhya-bōdha: orientación hacia la meta.

Mahābalī: gobernante bondadoso, generoso y justo que se hizo famoso por su gobierno utópico.

Mahābhārata: antigua epopeya india compuesta por el sabio Vyāsa, en la que se describe la guerra entre los rectos Pāṇḍavas y los malvados Kauravas.

mahātmā: «gran alma»; término utilizado para describir a quien ha alcanzado el conocimiento espiritual.

mānasa-pūjā: adoración realizada mentalmente.

mantra: sonido, sílaba, palabra o palabras de contenido espiritual. Según los comentadores védicos, los mantras son revelaciones de ṛiṣhis que surgen de la contemplación profunda.

mōkṣha: liberación espiritual, es decir, liberación del ciclo de nacimientos y muertes.

niyama: deberes u observancias positivas («lo que hay que hacer»); el segundo «miembro» del aṣhṭāṅga yōga (el yoga de ocho miembros) formulado por el sabio Patañjali, y que incluyen śhauca (pureza), santōṣha (contento), tapas (ascesis), swādhyāya (estudio de las escrituras) e īśhvara-praṇidhāna (contemplación de Dios); a menudo mencionado en unión con yama.

Ōm (Aum): sonido primordial del universo; la semilla de la creación. El sonido cósmico, que puede oírse en meditación profunda; la Palabra Sagrada, enseñada en las Upaniṣhads, que significa Brahman, el fundamento divino de la existencia.

Ōṇam: El festival más importante de Kerala, que tiene lugar en el mes de ciṅṅam (agosto-septiembre).

Pāṇḍavas: cinco hijos del rey Pāṇḍu, primos de Kṛiṣhṇa.

paramātmā: el Yo Supremo, el alma superior.

pāyasam: pudín dulce.

praṇava: la sílaba mística Ōm.

prārabdha: también conocido como prārabdha karma; se refiere a la parte de nuestro karma pasado que es la causa de nuestro nacimiento actual.

prasād: ofrenda o regalo bendecido de un santo o de un templo, a menudo en forma de comida.

prasāda-buddhi: actitud de ver todo lo que se recibe como un regalo de Dios.

pūjā: culto ritual o ceremonial.

puṇya: mérito espiritual.

Rāma: héroe divino del Rāmāyaṇa. Una encarnación de Viṣhṇu. Se le considera el hombre ideal del dharma y la virtud. Ram significa «deleitarse»; alguien que se deleita en sí mismo; el principio de la alegría interior; alguien que alegra el corazón de los demás.

Rāma-rājya: literalmente, «gobierno de Rāma». El término ha llegado a significar una era utópica.

Rāmāyaṇa: poema épico de veinticuatro mil estrofas sobre la vida y la época de Rāma.

Rāvaṇa: un poderoso demonio. Viṣhṇu se encarnó como Rāma para matarlo y restaurar así la armonía del mundo.

ṛiṣhi: vidente o sabio con conocimiento del Yo Supremo que percibe mantras en la meditación.

Śhabarī: devota de Rāma conocida por su fe inquebrantable.

Śhabarimala: ubicación de un templo dedicado a Ayyappa.

sādhana: régimen de práctica espiritual disciplinada y dedicada que conduce al objetivo supremo del conocimiento del Yo Supremo.

Śhalya: rey de Madra y gran guerrero. A petición de Yudhiṣhṭhira, sirvió como auriga de Karṇa con vistas a desmoralizar a este último en momentos críticos de la Guerra del Mahābhārata.

samskāra: un rasgo de personalidad condicionado a lo largo de una o muchas vidas; un patrón mental y de comportamiento; una latencia o tendencia mental que se manifiesta si se le proporciona el entorno o estímulo adecuado.

sanātana dharma: literalmente, «religión eterna» o «forma de vida eterna», nombre original y tradicional del hinduismo.

Sañjaya: narrador de la Bhagavad-Gītā y personaje del Mahābhārata a quien el sabio Vyāsa concedió el don de divya-dṛiṣhṭi (clarividencia) para que pudiera relatar los sucesos del campo de batalla al rey Dhṛitarāṣhṭra.

sannyāsī: monje que ha hecho votos formales de renuncia (sannyāsa); tradicionalmente viste una túnica de color ocre, que representa la quema de todos los deseos. El equivalente femenino es **sannyāsinī**.

satsaṅg: comunión con la Verdad Suprema. También, estar en compañía de mahātmās, estudiar las escrituras y escuchar charlas esclarecedoras de un mahātmā; una reunión de personas para escuchar y/o discutir asuntos espirituales; un discurso espiritual.

Sītā: La consorte de Rāma. En la India se la considera el ideal de feminidad.

Śhiva: adorado como el primero y más importante del linaje de los gurus y como el sustrato informe del universo en relación con Śhakti, la creadora; Señor de la destrucción (del ego) en la Trinidad hindú.

śhraddhā: atención; fe.

Swāmī Vivēkānanda: discípulo principal (1863 - 1902) de Śhrī Rāmakṛiṣhṇa Paramahamsa; pionero en la introducción de la filosofía hindú en Occidente y fundador del Ramakrishna Math y la Misión Ramakrishna.

upāsanā: adoración.

vāsanā: tendencia latente o deseo sutil que se manifiesta como pensamiento, motivo y acción; impresión subconsciente adquirida a partir de la experiencia.

vasudhaiva kuṭumbakam: «el mundo es una sola familia».

Vēdas: la más antigua de todas las escrituras, procedente de Dios. Los Vēdas no fueron compuestos por ningún autor humano, sino que fueron «revelados» a los antiguos visionarios en meditación profunda. Estas sabias revelaciones llegaron a conocerse como los Vēdas, de los que hay cuatro: Ṛik, Yajus, Sāma y Atharva.

Vyāsa: literalmente, «el compilador». Nombre dado al sabio Kṛiṣhṇa Dvaipāyana, compilador de los Vēdas. También es el cronista del Mahābhārata y un personaje del mismo, así como autor de los dieciocho purāṇas y de los Brahma-Sūtras.

yajña: forma de culto ritual en la que se ofrecen oblaciones en un fuego según las instrucciones de las escrituras, mientras se recitan mantras sagrados.

yama: restricciones para una conducta adecuada (lo que no se debe hacer); el primer «miembro» del aṣhṭānga yōga (el yoga de ocho miembros) formulado por el sabio Patanjali, y que incluye ahimsā (no violencia), satya (veracidad), astēya (no robar), brahmacarya (castidad) y aparigraha (ausencia de codicia); a menudo mencionado en asociación con el niyama.

yōga: «unir». Unión con el Yo Supremo. Es un término amplio, que también designa los diversos métodos de práctica por medio de los cuales se puede alcanzar la unidad con lo Divino. Un camino que conduce al conocimiento del Yo Supremo.

yuddha: guerra.

Guía de pronunciación

Las vocales pueden ser cortas o largas:
a - como la segunda «a» de casa; ā - como la primera
e - como la segunda «e» de sede; ē - como la primera
i - como la «i» de casi; ī – como la «i» de sí
o - como la segunda «o» de cómo; ō – como la primera
u - como la primera «u» de vudú; ū - como la segunda
ṛi - como ri en mariposa
ḥ - pronuncia «aḥ» como «aha», «iḥ» como «ihi» y «uḥ» como «uhu».

Las consonantes aspiradas (por ejemplo, kh) se pronuncian como la correspondiente no aspirada (por ejemplo, k) seguidas por una aspiración (como la h en inglés; por ejemplo, en «horse»). Los ejemplos que se dan a continuación son solo aproximados:
k - como «k» en «koala; kh – como k + h
g - como «g» en «gato»; gh – como g + h
c - como «ch» en «chapa»; ch – como c + h
j - como «j» en «John»; jh - como j + h
p - como «p» en «pino»; ph - como p + h
b - como «b» «bote»; bh - como b + h
r - como «r» en «cara» (incluso a principio de palabra)
ñ - como «ñ» en «niño»; ṅ - como «n» en «tango»
Las letras ḍ, ṭ, ṇ, ṣh se pronuncian con la punta de la lengua contra el velo del paladar; d, t, n con la punta de la lengua contra los dientes.
ḷ - como «lr» en «alrededor»
śh - como «sh» en «shock»
Con consonantes dobles, el sonido se pronuncia dos veces:
cc - como t + c
jj - como d + j

www.ingramcontent.com/pod-product-compliance
Lightning Source LLC
Chambersburg PA
CBHW070139100426
42743CB00013B/2762
9781680379211